租税法
重要「規範」ノート

木山泰嗣
Hirotsugu Kiyama

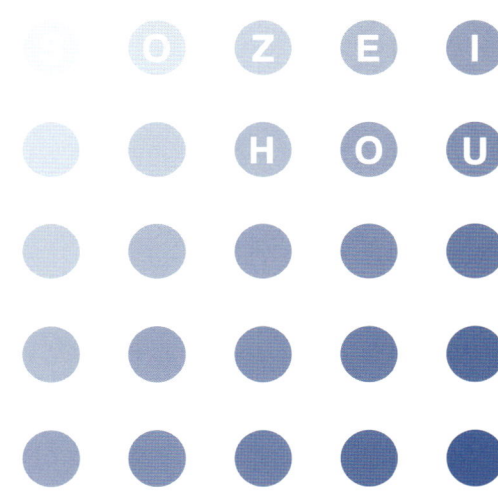

弘文堂

はしがき

　法律を学ぶ学生が，大学の法学部で学ぶことの大半は「解釈論」である。解釈論というのは，法律の条文で定められている規定の意味を明らかにする議論のことである。いわゆる判例の学習が必須となるのは，六法をひもといても（そこに書かれている条文だけを読み込んでも），裁判所で適用される法規範のすべてを理解することはできないからである。具体的な事件を解決するにあたって裁判所は「法解釈」を行う。その結果，他の事件にも一般的に等しく適用され得る法規範が判決で示されることがある。これを「判例で示された規範」（規範）と呼ぶ。

　規範を理解することの大切さは，法学部の学生にとってだけではない。裁判を前提に なまの事案に立ち向かう実務家にとっても，まず調べるべき対象は判例であり，そこに示された規範である。規範というのは，数学でいえば公式のようなものである。数学の演習問題を解けるようになるためには，その前提として，ごくごく基礎的な算数のレベルでいえば，三角形や長方形の面積の計算の仕方を知っていなければならない。算数や数学の教育においては，小学生以来，このような公式の習得が徹底して行われている。こうした背景事情を考えなくとも，わたしたちは小さいころから九九を暗誦させられ，三角形の面積の公式を覚えさせられてきた。これと同じで法学および法律実務においても，算数や数学の公式にあたる「規範」を覚えることが必要になる。判例が示した多くの規範は，学者などの分析により，「①要件，②要件，③要件」などのように，複数の要素に分解されている。こうした分解要素（要件）を整理し記憶することは，実際に目の前で起きた法律問題を解決する大前提になる。実際に起きた事件を解決するためには，規範（要件）に事実を1つひとつあてはめる作業が必要になる（算数や数学にいう問題演習（計算）にあたる）。そこで次に重要になるのは，具体的な事案を解決するために，（主として最高裁が示した）判例の規範に当該事案の事実をあてはめることである。これを「あてはめ」と呼ぶ。

　ここまで述べてきたことは，法学入門を学習するときに必ず最初に教わることである。それは，大前提に小前提をあてはめて結論（判決）を導くという「法的三段論法」である。大前提というのは，法律の条文を解釈することで導かれた法規範（規範）のことである。これに対して，小前提というのは，証拠に経験則をあてはめることで認定された事実のことである。大前提の作業においては ①「法解釈能力」が求められ，小前提の作業においては ②「事実認定能力」が求められる。そして両者をさらに統合させダイナミックに当該事案を解決す

るために，③「あてはめ能力」が求められる。法律家を目指すロースクール（法科大学院）生などが，まずもって身につけるべき能力は，①「法解釈能力」だが，これは法学部の教育で従前から重点が置かれてきた。ロースクールが創設され，より実務的な力の要請が求められている現在においては，このなかでも③「あてはめ能力」があるか否かに重点が置かれている。これは法曹三者（裁判官・検察官・弁護士）を輩出する新司法試験の出題趣旨（法務省ホームページ参照）をみれば明らかである。

　本書は，租税法を学ぶ人が，具体的な事案において的確なあてはめを行う力を身につけられるよう「規範」を徹底して理解する補助教材としての位置づけを念頭におき考案した。法律実務家において重要な「あてはめ能力」を獲得するためには，前提になる「規範」を徹底して理解し記憶する必要がある。

　本書を通じて読者の方々が，租税法の基礎的な学力を身につけられること，そしてそれを武器に社会で活躍されることを願ってやまない。

　なお，本書の作成にあたっては，弘文堂編集部部長の北川陽子さんに，終始お世話になった。これまで実務上参考にさせていただいていた租税法の書籍の多く（金子宏先生の『租税法（第16版）』(2011)や『ケースブック租税法（第3版）』(2011)，谷口勢津夫先生の『税法基本講義（第2版）』(2011)，佐藤英明先生の『スタンダード所得税法（補正2版）』(2011)など）を担当されてきた編集部長のセンスは素晴らしく，書籍の中身のご助言のほかにも，デザインやレイアウトなどについてもさまざまなパターンをご用意してくださり，繰り返し打合せをさせていただいた。ご尽力いただいた北川陽子さんにこの場を借りて心より御礼申し上げる。

平成23年6月

弁護士　木　山　泰　嗣

本書の使い方

　本書では，租税法の学習においてロースクールでスタンダードな教材となっている金子宏先生ほか『ケースブック租税法（第3版）』（弘文堂・2011）で取り上げられている判例のなかでも，特に重要と考えられるものの「規範」部分に重点を置き，ピックアップをした。なお，新司法試験の出題範囲であり，実務上きわめて重要な「国税通則法」の判例については筆者が選定をした。

　また，事件名についても『ケースブック租税法』にならった（ただし，本書58事件については筆者が事件名をつけた）。

　以下，簡潔に本書の具体的な使い方（趣旨）を記載しておく。

- 「判例に登場する論点——どこで使う規範？」は，その判決に登場する論点や重要概念の意義について，いわゆる論点名を抽出したものである。なお，①，②，③……といった番号が，そのあとの【規範】（判決の抜粋）に登場する（＊1），（＊2），（＊3）……に対応している。
- 「重要度ランク」は，論点の重要度を示している。重要な順に「A^+→A→A^-→B^+→B→B^-→C^+→C→C^-」となっているが，客観的な重要度を記号化することはもとより困難であるため，筆者の主観による部分が多いことをあらかじめご了承いただければと思う。なお，重要度は，租税法の学習における重要度のことであり，主として法学部生，法科大学院生などの学生を念頭に置いたランクである（実務的な重要度とは必ずしも一致しないことに留意されたい）。
- 【規範】は，当該判決文の判決理由で特に重要な部分を抜粋して引用したものである。本書が「規範」をメインに扱っているため，個別事案の詳細やあてはめ部分については原則として抜粋しないこととした。ただし，あてはめ部分を読むことが特に重要なものについては例外的にあてはめ部分も引用を残した。青色部分は特にキーワードなどが含まれている重要箇所であり，下線は原則として（＊1），（＊2），（＊3）といった論点の箇所を示している。
- 「ワンポイント解説」では，当該判決の位置づけや抽出した論点に対応した解説を簡潔に行っている。なお，本書はあくまで，重要規範を整理し，読者自身がノートのように書き込みなどをしながら使うものである。したがって，解説部分は簡潔を旨とし深入りはしていない（詳細については，『ケースブック租税法』など各自の基本書で勉強されたい）。
- 「memo」は，空欄になっており読者が自由に書き込みをできる余白である。この「memo」欄を活用しいただき，当該規範のあてはめの仕方（判例などで問題になった要素の書き込みなど）や，読者ご自身の気づきをどんどん書き込んでもらいたい。
- 算数や数学の公式を覚えることが重要なように，「規範」を覚えることも重要である。そこで学習の便宜を考え「確認問題」も用意した（租税法は新司法試験で短答式試験がないため，こうした基礎トレーニングも重要だと考えた）。

　本書を使いこなすためには，多くの事例（租税事件）にあたり，あなた自身のあたまで法的思考を行う練習を積み重ねることが重要である。そしてその都度，そこで前提となる「規範」に戻り，どのような場面でどのようにその「規範」（各要件）を使うのかを検証していただきたい。それを本書のメモ欄に書き込むなどすることで，真に使えるあなただけのオリジナル規範ノートが完成するはずである。

目次

はしがき ………… i
本書の使い方 ………… iii

第1編 租税法の基礎理論　2

I 憲法と租税法 …………………………………………………… 2

1 租税立法の違憲審査基準—憲法14条

【1】大嶋訴訟
（最高裁大法廷昭和60年3月27日判決・民集39巻2号247頁）………… 2

2 租税立法の違憲審査基準—憲法22条1項

【2】酒類販売免許制合憲判決
（最高裁平成4年12月15日判決・民集46巻9号2829頁）………… 4

II 租税法律主義 …………………………………………………… 6

1 租税法律主義の意義

【3】固定資産税名義人課税主義事件
（最高裁大法廷昭和30年3月23日判決・民集9巻3号336頁）………… 6

2 租税の意義

【4】旭川市国民健康保険条例事件
（最高裁大法廷平成18年3月1日判決・民集60巻2号587頁）………… 8

3 手続要件と租税法律主義

【5】共同組合員登録免許税軽減事件
（東京高裁平成7年11月28日判決・行集46巻10=11号1046頁）………… 10

4 課税要件明確主義—同族会社の行為計算否認規定の合憲性

【6】光楽園旅館事件
（札幌高裁昭和51年1月13日判決・訟務月報22巻3号756頁）………… 12

5 地方税条例主義

【7】秋田市国民健康保険税事件
（仙台高裁秋田支部昭和57年7月23日判決・行集33巻7号1616頁）………… 14

6 遡及立法禁止の原則

【8】福岡マンション譲渡損失事件
（福岡高裁平成20年10月21日判決・判例時報2035号20頁）………… 16

Ⅲ　租税公平主義 …………………………………………………… 18

1　源泉徴収制度の合憲性
【9】　株式会社月ケ瀬事件
（最高裁大法廷昭和37年2月28日判決・刑集16巻2号212頁）………… 18

2　法の執行段階における平等原則
【10】　スコッチライト事件
（大阪高裁昭和44年9月30日判決・高裁民集22巻5号682頁）……… 20

Ⅳ　租税法の法源 …………………………………………………… 22

1　通達課税
【11】　パチンコ球遊機事件
（最高裁昭和33年3月28日判決・民集12巻4号624頁）………… 22

Ⅴ　租税法の解釈と適用 …………………………………………… 24

1　租税法の解釈（1）―拡張解釈
【12】　レーシングカー物品税事件
（最高裁平成9年11月11日判決・訟務月報45巻2号421頁）………… 24

2　租税法の解釈（2）―文理解釈
【13】　ホステス源泉徴収事件
（最高裁平成22年3月22日判決・判例時報2078号8頁）………… 26

3　借用概念（1）―「配当」の意義
【14】　鈴や金融株式会社事件
（最高裁昭和35年10月7日判決・民集14巻12号2420頁）………… 28

4　借用概念（2）―「匿名組合契約」の意義
【15】　勧業経済株式会社事件
（最高裁昭和36年10月27日判決・民集15巻9号2357頁）………… 30

5　借用概念（3）―「貸付金…の利子」の意義
【16】　レポ取引事件
（東京地裁平成19年4月17日判決・判例時報1986号23頁）………… 32

6　私法取引と租税法（1）―租税法における錯誤
【17】　錯誤による財産分与契約事件
（最高裁平成元年9月14日判決・判例時報1336号93頁）………… 34

7 私法取引と租税法（2）— 取得時効の遡及効
　【18】尼崎市相続土地喪失事件
　　　（大阪高裁平成14年7月25日判決・訟務月報49巻5号1617頁）……… 36

8 租税回避の否認（1）— 私法契約
　【19】相互売買事件
　　　（東京高裁平成11年6月21日判決・高裁民集52巻1号26頁）……… 38

9 租税回避の否認（2）— 濫用論ないし限定解釈
　【20】外国税額控除余裕枠りそな銀行事件
　　　（最高裁平成17年12月19日判決・民集59巻10号2964頁）……… 40

10 租税法における信義則
　【21】酒類販売業者青色申告事件
　　　（最高裁昭和62年10月30日判決・訟務月報34巻4号853頁）……… 42

第2編　所得税　　44

I　所得税の基礎　……… 44

1 所得概念（1）— 包括的所得概念
　【22】中高年齢者雇用開発給付金事件
　　　（神戸地裁昭和59年3月21日判決・訟務月報30巻8号1485頁）……… 44

2 所得概念（2）— 違法な所得
　【23】利息制限法違反利息事件
　　　（最高裁昭和46年11月9日判決・民集25巻8号1120頁）……… 46

3 所得概念（3）— 未実現の所得
　【24】株式会社藤松事件
　　　（大阪高裁昭和56年7月16日判決・行集32巻7号1054頁）……… 48

4 所得概念（4）— 二重課税
　【25】年金払い生命保険金二重課税事件
　　　（最高裁平成22年7月6日判決・判例時報2079号20頁）……… 50

5 所得概念（5）— 所得税と源泉徴収制度
　【26】日光貿易事件
　　　（最高裁平成4年2月18日判決・民集46巻2号77頁）……… 52

6　所得概念（6）— 非課税になる所得（損害賠償金）
　【27】マンション建設承諾料事件
　　　（大阪地裁昭和54年5月31日判決・行集30巻5号1077頁）………… 54
7　所得の帰属（1）— 共同経営によって得た所得
　【28】歯科医院親子共同経営事件
　　　（東京高裁平成3年6月6日判決・訟務月報38巻5号878頁）………… 56
8　所得の帰属（2）— 課税処分の無効
　【29】冒用登記事件
　　　（最高裁昭和48年4月26日判決・民集27巻3号629頁）………… 58
9　所得の帰属（3）— 申告納税制度と申告の無効
　【30】共同相続立木譲渡事件
　　　（最高裁昭和39年10月22日判決・民集18巻8号1762頁）………… 60

Ⅱ　所得分類 …………………………………………………………… 62

1　利子所得の意義
　【31】協和興業事件
　　　（東京高裁昭和39年12月9日判決・行集15巻12号2307頁）………… 62
2　配当所得の意義
　【32】鈴や金融株式会社事件
　　　（最高裁昭和35年10月7日判決・民集14巻12号2420頁）………… 64
3　譲渡所得の意義（1）
　【33】榎本家事件
　　　（最高裁昭和43年10月31日判決・訟務月報14巻12号1442頁）………… 66
4　譲渡所得の意義（2）
　【34】名古屋医師財産分与事件
　　　（最高裁昭和50年5月27日判決・民集29巻5号641頁）………… 68
5　二重利得法
　【35】川之江市井地山造成地事件
　　　（松山地裁平成3年4月18日判決・訟務月報37巻12号2205頁）………… 70
6　譲渡所得の計算方法
　【36】ゴルフ会員権贈与事件
　　　（最高裁平成17年2月1日判決・訟務月報52巻3号1034頁）………72

目次

7 譲渡所得における取得費
 【37】 支払利子付随費用判決
  （最高裁平成4年7月14日判決・民集46巻5号492頁）………… 74

8 譲渡所得における譲渡費用
 【38】 土地改良区決済金事件
  （最高裁平成18年4月20日判決・訟務月報53巻9号2692頁）………… 76

9 譲渡所得と財産分与
 【39】 分与土地一体譲渡事件
  （東京地裁平成3年2月28日判決・行集42巻2号341頁）………… 78

10 譲渡所得と代償分割
 【40】 土地代償分割事件
  （最高裁平成6年9月13日判決・判例時報1513号97頁）………… 80

11 譲渡所得の収入金額
 【41】 浜名湖競艇場用地事件
  （東京高裁昭和62年9月9日判決・行集38巻8＝9号987頁）………… 82

12 給与所得の意義（1）―事業所得との区別
 【42】 弁護士顧問料事件
  （最高裁昭和56年4月24日判決・民集35巻3号672頁）………… 84

13 給与所得の判断基準―民法上の組合から組合員が得た報酬について
 【43】 りんご生産組合事件
  （最高裁平成13年7月13日判決・訟務月報48巻7号1831頁）………… 86

14 給与所得と事業所得の区別
 【44】 九州電力検針員事件
  （福岡地裁昭和62年7月21日判決・訟務月報34巻1号187頁）………… 88

15 給与所得の意義（2）―雑所得との区別
 【45】 大嶋訴訟第一審判決
  （京都地裁昭和56年3月6日判決・行集32巻3号342頁）………… 90

16 給与所得の範囲（1）―通勤手当
 【46】 通勤定期券課税事件
  （最高裁昭和37年8月10日判決・民集16巻8号1749頁）………… 92

17 給与所得の範囲（2）―レクリエーション費用①
 【47】 ハワイ5泊6日旅行事件
  （岡山地裁昭和54年7月18日判決・行集30巻7号1315頁）………… 94

18 給与所得の範囲（3）― レクリエーション費用②
　【48】香港2泊3日旅行事件
　　　（大阪高裁昭和63年3月31日判決・訟務月報34巻10号2096頁）………… 96

19 退職所得の意義
　【49】5年退職事件
　　　（最高裁昭和58年9月9日判決・民集37巻7号962頁）………… 98

20 事業所得の意義
　【50】会社取締役商品先物取引事件
　　　（名古屋地裁昭和60年4月26日判決・民集36巻4号589頁）………… 100

21 事業所得の範囲
　【51】嶋モータース事件
　　　（名古屋高裁金沢支部昭和49年9月6日判決・行集25巻8＝9号1096頁）………… 102

Ⅲ 所得の計算と年度帰属 …………………………………………… 104

1 必要経費の意義
　【52】賃貸用土地贈与事件
　　　（大阪高裁平成10年1月30日判決・税務訴訟資料230号337頁）………… 104

2 違法な支出と必要経費
　【53】高松市塩田宅地分譲事件
　　　（高松地裁昭和48年6月28日判決・行集24巻6＝7号511頁）………… 106

3 所得の年度帰属（1）― 権利確定主義①
　【54】雑所得貸倒分不当利得返還請求事件
　　　（最高裁昭和49年3月8日判決・民集28巻2号186頁）………… 108

4 所得の年度帰属（2）― 権利確定主義②
　【55】沖縄補償金事件控訴審判決
　　　（福岡高裁那覇支部平成8年10月31日判決・行集47巻10号1067頁）………… 110

5 所得の年度帰属（3）― 権利確定主義と管理支配基準
　【56】仙台家賃増額請求事件
　　　（最高裁昭和53年2月24日判決・民集32巻1号43頁）………… 112

6 必要経費の範囲（1）― 事業上の損失
　【57】事業所得貸倒分不当利得返還請求事件
　　　（最高裁昭和53年3月16日判決・訟務月報24巻4号840頁）………… 114

目次

  7 必要経費の範囲（2）――所得税法上の貸倒損失
   【58】貸倒損失訴訟事件
    （名古屋地裁平成2年11月30日判決・行集41巻11＝12号1921頁）………… 116

  8 必要経費の範囲（3）――所得税法56条の適用範囲
   【59】弁護士夫婦事件
    （最高裁平成16年11月2日判決・訟務月報51巻10号2615頁）………… 118

Ⅳ 所得税額の計算 …………………………………………………… 120

  1 損益通算
   【60】岩手リゾートホテル事件
    （東京地裁平成10年2月24日判決・判例タイムズ1004号142頁）………… 120

  2 所得控除（1）――配偶者控除・扶養控除
   【61】事実婚「配偶者控除」訴訟
    （最高裁平成9年9月9日判決・訟務月報44巻6号1009頁）………… 122

  3 所得控除（2）――雑損控除
   【62】「災難」事件
    （最高裁昭和36年10月13日判決・民集15巻9号2332頁）……… 124

第3編 法人税 126

Ⅰ 法人税の基礎 ………………………………………………………… 126

  1 公益法人等の所得――収益事業
   【63】ペット葬祭業事件
    （最高裁平成20年9月12日判決・判例時報2022号11頁）………… 126

  2 人格のない社団等
   【64】ネズミ講事件
    （福岡高裁平成2年7月18日判決・訟務月報37巻6号1092頁）………… 128

Ⅱ 法人所得の意義 ……………………………………………………… 130

  1 法人所得の意義――収益計上の時期
   【65】大竹貿易株式会社事件
    （最高裁平成5年11月25日判決・民集47巻9号5278頁）………… 130

2 益金の意義（1）──無償による資産の譲渡
　【66】南西通商株式会社事件
　　　（最高裁平成7年12月19日判決・民集49巻10号3121頁）………… 132

3 益金の意義（2）──無償による役務の提供
　【67】清水惣事件
　　　（大阪高裁昭和53年3月30日判決・高裁民集31巻1号63頁）………… 134

4 益金の意義（3）──無償による資産の譲受け
　【68】有限会社柿木荘事件
　　　（東京高裁平成3年2月5日判決・行集42巻2号199頁）………… 136

5 損金の意義（1）──利益の分配
　【69】東光商事株式会社事件
　　　（最高裁大法廷昭和43年11月13日判決・民集22巻12号2449頁）………… 138

6 損金の意義（2）──違法支出
　【70】株式会社エス・ヴイ・シー事件
　　　（最高裁平成6年9月16日決定・刑集48巻6号357頁）………… 140

7 損金の意義（3）──売上原価
　【71】牛久市売上原価見積事件
　　　（最高裁平成16年10月29日判決・刑集58巻7号697頁）………… 142

8 損金の意義（4）──債務の確定
　【72】株式会社ケーエム事件
　　　（山口地裁昭和56年11月5日判決・行集32巻11号1916頁）………… 144

9 損金の意義（5）──貸倒損失
　【73】興銀事件
　　　（最高裁平成16年12月24日判決・民集58巻9号2637頁）………… 146

10 損金の意義（6）──損失と損害賠償債権の両建て
　【74】日本総合物産事件
　　　（東京高裁昭和54年10月30日判決・訟務月報26巻2号306頁）………… 148

11 損金の意義（別段の定め）（1）──寄附金①
　【75】太陽物産売上値引事件
　　　（東京高裁平成4年9月24日判決・行集43巻8＝9号1181頁）………… 150

12 損金の意義（別段の定め）（2）──寄附金②
　【76】ＰＬ農場事件
　　　（大阪高裁昭和59年6月29日判決・行集35巻6号822頁）………… 152

目次

13 損金の意義（別段の定め）(3) ― 交際費
【77】荒井商事オートオークション事件
（東京高裁平成 5 年 6 月 28 日判決・行集44巻 6 = 7 号506頁） ………… 154

14 損金の意義（別段の定め）(4) ― 繰越欠損金
【78】行田電線株式会社事件
（最高裁昭和43年 5 月 2 日判決・民集22巻 5 号1067頁） ………… 156

III 法人税額の計算 ……………………………………………… 158

1 税額控除
【79】南九州コカコーラ・ボトリング株式会社事件
（最高裁平成21年 7 月10日判決・民集63巻 6 号1092頁） ………… 158

IV 同族会社の特例 ……………………………………………… 160

1 同族会社の行為計算否認 ― 要件
【80】南日本高圧コンクリート株式会社事件
（福岡高裁宮崎支部昭和55年 9 月29日判決・行集31巻 9 号1982頁） ………… 160

2 同族会社の行為計算否認 ― 効果
【81】株式会社塚本商店事件
（最高裁昭和48年12月14日判決・訟務月報20巻 6 号146頁） ………… 162

3 所得税法における行為計算否認
【82】株式会社エス・アンド・テイー事件
（東京地裁平成元年 4 月17日判決・訟務月報35巻10号2004頁） ………… 164

第4編　国税通則法　166

1 申告の錯誤無効
【83】共同相続立木譲渡事件
（最高裁昭和39年10月22日判決・民集18巻 8 号1762頁） ………… 166

2 過少申告加算税と「正当な理由」(1)
【84】ストック・オプション「正当な理由」事件
（最高裁平成18年10月24日判決・民集60巻 8 号3128頁） ………… 168

3　過少申告加算税と「正当な理由」(2)
【85】委任税理士の脱税事件
（最高裁平成17年1月17日判決・民集59巻1号28頁） ………… 170

確認問題　　173

判例索引 ………… 214

規範とワンポイント解説

第1編 租税法の基礎理論　Ⅰ　憲法と租税法

1 大嶋訴訟
（最高裁大法廷昭和60年3月27日判決・民集39巻2号247頁, ケースブック§111.01）

判例に登場する論点 どこで使う規範？
①租税の意義
②租税法律主義（課税要件法定主義および課税要件明確主義）の意義
③租税の機能
④租税立法における立法府の裁量
⑤租税立法の違憲審査基準（憲法14条）

重要度ランク………Ⓐ

【規範】

「　……租税は，国家が，その課税権に基づき，特別の給付に対する反対給付としてでなく，その経費に充てるための資金を調達する目的をもって，一定の要件に該当するすべての者に課する金銭給付であるが（*1），およそ民主主義国家にあつては，国家の維持及び活動に必要な経費は，主権者たる国民が共同の費用として代表者を通じて定めるところにより自ら負担すべきものであり，我が国の憲法も，かかる見地の下に，国民がその総意を反映する租税立法に基づいて納税の義務を負うことを定め（30条），新たに租税を課し又は現行の租税を変更するには，法律又は法律の定める条件によることを必要としている（84条）。それゆえ，課税要件及び租税の賦課徴収の手続は，法律で明確に定めることが必要であるが（*2），憲法自体は，その内容について特に定めることをせず，これを法律の定めるところにゆだねているのである。思うに，租税は，今日では，国家の財政需要を充足するという本来の機能に加え，所得の再分配，資源の適正配分，景気の調整等の諸機能をも有しており（*3），国民の租税負担を定めるについて，財政・経済・社会政策等の国政全般からの総合的な政策判断を必要とするばかりでなく，課税要件等を定めるについて，極めて専門技術的な判断を必要とすることも明らかである。したがつて，租税法の定立については，国家財政，社会経済，国民所得，国民生活等の実態についての正確な資料を基礎とする立法府の政策的，技術的な判断にゆだねるほかはなく，裁判所は，基本的にはその裁量的判断を尊重せざるを得ないものというべきである（*4）。そうであるとすれば，租税法の分野における所得の性質の違い等を理由とする取扱いの区別は，その立法目的が正当なものであり，かつ，当該立法において具体的に採用された区別の態様が右目的との関連で著しく不合理であることが明らかでない限り，その合理性を否定することができず，これを憲法14条1項の規定に違反するものということはできないものと解するのが相当である（*5）。」

【ワンポイント解説】

　租税の意義および機能，租税立法の違憲審査基準などについて網羅的に判示された重要判例である（憲法上も重要な判例である）。(＊1) で租税の意義が述べられ，(＊3) で租税の機能が述べられている。憲法84条が定める租税法律主義には，課税要件法定主義と課税要件明確主義があるが，この点が (＊2) に明記されている（特に課税要件法定主義については，課税要件のみならず課税手続の法定も求められていることが明らかにされている）。

　租税立法についての違憲審査基準は，憲法の論点ではあるが，租税立法に関する大原則が述べられた大法廷判決であり重要である。具体的には，専門技術的観点から国会（立法府）の裁量的判断が原則として尊重されるべきこと (＊4)，当該租税立法の「目的」の正当性（①）と，租税立法が採用した態様が「目的」との関連で著しく不合理でないか（②）を検討すべきこと (＊5) が判示されている（ただし，本判決は憲法14条に違反するか否かについての判示であり，憲法の他の条文についての違憲審査基準をどのように解すべきかについては明らかにされていない）。

memo

2 酒類販売免許制合憲判決
（最高裁平成4年12月15日判決・民集46巻9号2829頁，ケースブック §114.01）

判例に登場する論点
①租税法律主義（課税要件法定主義および課税要件明確主義）の意義
②租税の機能
③租税立法における立法府の裁量
④租税立法の違憲審査基準（憲法22条1項）

重要度ランク……… B

【規範】

「……憲法は，租税の納税義務者，課税標準，賦課徴収の方法等については，すべて法律又は法律の定める条件によることを必要とすることのみを定め(＊1)，その具体的内容は，法律の定めるところにゆだねている（30条，84条）。租税は，今日では，国家の財政需要を充足するという本来の機能に加え，所得の再分配，資源の適正配分，景気の調整等の諸機能をも有しており(＊2)，国民の租税負担を定めるについて，財政・経済・社会政策等の国政全般からの総合的な政策判断を必要とするばかりでなく，課税要件等を定めるについて，極めて専門技術的な判断を必要とすることも明らかである。したがって，租税法の定立については，国家財政，社会経済，国民所得，国民生活等の実態についての正確な資料を基礎とする立法府の政策的，技術的な判断にゆだねるほかはなく，裁判所は，基本的にはその裁量的判断を尊重せざるを得ないものというべきである（最高裁昭和55年（行ツ）第15号同60年3月27日大法廷判決・民集39巻2号247頁参照）(＊3)。

……以上のことからすると，租税の適正かつ確実な賦課徴収を図るという国家の財政目的のための職業の許可制による規制については，その必要性と合理性についての立法府の判断が，右の政策的，技術的な裁量の範囲を逸脱するもので，著しく不合理なものでない限り，これを憲法22条1項の規定に違反するものということはできない(＊4)。」

【ワンポイント解説】
　（＊1）から（＊3）については，最高裁大法廷昭和60年3月27日判決【1】が引用されているように，最高裁大法廷昭和60年3月27日判決【1】で解説したとおりである。
　最高裁大法廷昭和60年3月27日判決【1】では明らかにされていない規範は，（＊4）である。（＊4）では，職業選択の自由ないし営業の自由（憲法22条1項）を規制した租税立法に対する違憲審査基準が定立されている。この論点は，どちらかというと憲法の論点である。

memo

3 固定資産税名義人課税主義事件
（最高裁大法廷昭和30年3月23日判決・民集9巻3号336頁，ケースブック§121.01）

①租税法律主義の意義

重要度ランク………B

【規範】
「 おもうに民主政治の下では国民は国会におけるその代表者を通して，自ら国費を負担することが根本原則であつて，国民はその総意を反映する租税立法に基いて自主的に納税の義務を負うものとされ（憲法30条参照）その反面においてあらたに租税を課し又は現行の租税を変更するには法律又は法律の定める条件によることが必要とされているのである（憲法84条）。されば日本国憲法の下では，租税を創設し，改廃するのはもとより，納税義務者，課税標準，徴税の手続はすべて前示のとおり法律に基いて定められなければならないと同時に法律に基いて定めるところに委せられていると解すべきである(*1)。」

【ワンポイント解説】
　（＊１）で租税法律主義（憲法84条）の意義が判示されている。最高裁大法廷昭和60年3月27日判決【1】，最高裁平成4年12月15日判決【2】で判示されていたことと同旨であるが，本判決はこれらの判決よりもまえの昭和30年の最高裁判決であり，租税法律主義の意義が先駆的に明らかにされていた判例といえる。
　なお，本判決は，地方税法が定める固定資産税の賦課決定が争われた事案である。

memo

4 旭川市国民健康保険条例事件
（最高裁大法廷平成18年3月1日判決・民集60巻2号587頁，ケースブック§121.02）

①租税の意義
②憲法84条（租税法律主義）の適用範囲

【規範】

「……国又は地方公共団体が，課税権に基づき，その経費に充てるための資金を調達する目的をもって，特別の給付に対する反対給付としてでなく，一定の要件に該当するすべての者に対して課する金銭給付は，その形式のいかんにかかわらず，憲法84条に規定する租税に当たるというべきである(*1)。

……もっとも，憲法84条は，課税要件及び租税の賦課徴収の手続が法律で明確に定められるべきことを規定するものであり，直接的には，租税について法律による規律の在り方を定めるものであるが，同条は，国民に対して義務を課し又は権利を制限するには法律の根拠を要するという法原則を租税について厳格化した形で明文化したものというべきである。したがって，国，地方公共団体等が賦課徴収する租税以外の公課であっても，その性質に応じて，法律又は法律の範囲内で制定された条例によって適正な規律がされるべきものと解すべきであり，憲法84条に規定する租税ではないという理由だけから，そのすべてが当然に同条に現れた上記のような法原則のらち外にあると判断することは相当ではない。そして，租税以外の公課であっても，賦課徴収の強制の度合い等の点において租税に類似する性質を有するものについては，憲法84条の趣旨が及ぶと解すべきであるが，その場合であっても，租税以外の公課は，租税とその性質が共通する点や異なる点があり，また，賦課徴収の目的に応じて多種多様であるから，賦課要件が法律又は条例にどの程度明確に定められるべきかなどその規律の在り方については，当該公課の性質，賦課徴収の目的，その強制の度合い等を総合考慮して判断すべきものである(*2)。」

【ワンポイント解説】

　(＊1)で「租税」(憲法84条)の意義について判示されている。国税のみならず地方税(地方公共団体の課税)についても，84条が適用されることも判示されている(なお，本判決のあてはめでは，市町村が行う国民健康保険の保険料は，被保険者において保険給付を受け得ることに対する反対給付として徴収されるものであることなどを理由に，上記保険料に憲法84条の規定が直接に適用されることはない〔ただし，国民健康保険税は，形式が税である以上は，憲法84条の規定が適用されることとなる〕と判示されている)。

　(＊2)では憲法84条(租税法律主義)が適用される範囲が判示されている。租税以外の公課であっても同条の趣旨が及ぶ場合があること，および，その判断基準が示されている(なお，本判決のあてはめでは，「市町村が行う国民健康保険は，保険料を徴収する方式のものであっても，強制加入とされ，保険料が強制徴収され，賦課徴収の強制の度合いにおいては租税に類似する性質を有するものであるから，これについても憲法84条の趣旨が及ぶと解すべき」と判示されている)。

　租税法律主義の適用範囲について基準を打ち立てた大法廷判決ではあるが，憲法の論点としての意味合いが大きい。

memo

5 共同組合員登録免許税軽減事件
(東京高裁平成7年11月28日判決・行集46巻10=11号1046頁, ケースブック§122.02)

①租税法律主義の意義
②租税法規の委任(手続要件規定の委任)
③租税法規の解釈(法律に明文規定がない場合)

重要度ランク………B

【規範】

「……いわゆる租税法律主義を規定したとされる憲法84条のもとにおいては,租税の種類や課税の根拠のような基本的事項のみでなく,納税義務者,課税物件,課税標準,税率などの課税要件はもとより,賦課,納付,徴税の手続もまた,法律により規定すべきものとされており(最高裁大法廷昭和30年3月23日判決民集9巻3号336頁,最高裁大法廷昭和37年2月21日判決刑集16巻2号107頁),租税の優遇措置を定める場合や,課税要件として手続的な事項を定める場合も,これを法律により定めることを要するものである(*1)。そして,このような憲法の趣旨からすると,法律が租税に関し政令以下の法令に委任することが許されるのは,徴収手続の細目を委任するとか,あるいは,個別的・具体的な場合を限定して委任するなど,租税法律主義の本質を損なわないものに限られるものといわねばならない。すなわち,もし仮に手続的な課税要件を定めるのであれば,手続的な事項を課税要件とすること自体は法律で規定し,その上で課税要件となる手続の細目を政令以下に委任すれば足りるのである(*2)。……

そして,租税法律主義のもとで租税法規を解釈する場合には,ある事項を課税要件として追加するのかどうかについて法律に明文の規定がない場合,通常はその事項は課税要件ではないと解釈すべきものである。それにもかかわらず,「政令の定めるところによる」との抽象的な委任文言があることを根拠として,解釈によりある事項を課税要件として追加し,政令以下の法令においてその細目を規定することは,租税関係法規の解釈としては,許されるべきものではない(*3)。」

【ワンポイント解説】
　（＊１）で租税法律主義（憲法84条）の意義が具体的に判示されている。最高裁大法廷昭和60年３月27日判決【１】や，本判決で引用されている最高裁大法廷昭和30年３月23日判決【３】，最高裁大法廷平成18年３月１日判決【４】よりも，法定すべき課税要件（課税要件法定主義）および法定すべき課税手続（課税手続法定主義）の対象が詳細になっている。すなわち，課税要件法定主義の対象には，「租税の種類や課税の根拠のような基本的事項のみでなく，納税義務者，課税物件，課税標準，税率，……租税の優遇措置を定める場合や，課税要件として手続的な事項を定める場合」も含まれることが明らかにされており，課税手続法定主義の対象には「賦課，納付，徴税の手続」が含まれることが明らかにされている。租税法律主義の中核を占める課税要件法定主義（および課税手続法定主義）の具体的内容が示されている点では重要な判例といえる（ただし，憲法の論点としての比重が高い）。
　（＊２）では，租税立法を政令等に委任することの可否およびその基準が判示され，（＊３）では，法律に明文規定がない場合に政令以下の法令で細目を規定することの可否について判示されている。この２つについては実務上は重要な判示であるが，租税法の学習としてはやや細かい論点ともいえる。

memo

6 光楽園旅館事件
(札幌高裁昭和51年1月13日判決・訟務月報22巻3号756頁,ケースブック §123.01)

①課税要件明確主義の意義
②法人税法132条(同族会社の行為計算否認)の判断基準
③法人税法132条(同族会社の行為計算否認)の合憲性

重要度ランク………**B**

【規範】

「 ……法人税法第132条は「法人税の負担を不当に減少させる結果になると認められるとき」同族会社等の行為計算を否認しうる権限を税務署長に付与しているのであるが,右行為計算否認の規定が,納税者の選択した行為計算が実在し私法上有効なものであつても,いわゆる租税負担公平の原則の見地からこれを否定し,通常あるべき姿を想定し,その想定された別の法律関係に税法を適用しようとするものであることにかんがみれば,右の「法人税の負担を不当に減少させる結果になると認められる」か否かは,もつぱら経済的,実質的見地において当該行為計算が純粋経済人の行為として不合理,不自然なものと認められるか否かを基準として判定すべきものと解される(＊2)。一般に,かかる場合の判定基準は,法律上できる限り具体的,個別的,一義的に規定しておくことが望ましいのではあるが(＊1),複雑多岐にして激しく変遷する経済事象に対処しうるような規定を設けることは極めて困難であるから,法人税法が前記程度の規定をおいたにとどまることもやむをえないところであつて,これをもつて,いわゆる租税法律主義を宣明し,租税を創設し改廃するのはもとより,納税義務者,課税標準,納税の手続は,すべて法律に基づいて定められなければならない旨規定する憲法第84条に違反するものということはできない(＊3)。」

【ワンポイント解説】
　（＊1）で租税法律主義（憲法84条）が要請する課税要件明確主義の意義が判示されている。本判決で問題とされた法人税法132条の「不当に減少させる」といった抽象的な不確定概念が許容されるかという問題について，本判決では「法用上できる限り具体的，個別的，一義的に規定しておくことが望ましい」という見解が判示されている。
　そのうえで，法人税法132条（同族会社の行為計算否認）の規定が課税要件明確主義（憲法84条）には違反しないことが判示されている（＊3）。いずれも，憲法上の論点である。なお，本判決の上告審でも同旨の見解が採用されている（最高裁昭和53年4月21日判決訟務月報24巻8号1694頁。金子宏ほか『ケースブック（第3版）』62頁参照）。
　（＊2）では，法人税法132条（同族会社の行為計算否認）の規定を提供するにあたっての判断基準が示されている。この判断基準は，法人税法上の論点・解釈論としては重要である（福岡高裁宮崎支部昭和55年9月29日判決【80】参照）。

memo

7 秋田市国民健康保険税事件
（仙台高裁秋田支部昭和57年7月23日判決・行集33巻7号1616頁，ケースブック§123.02）

①租税法律主義（憲法84条）の趣旨
②地方税（租税）条例主義
③地方税（租税）条例主義と地方税法3条（枠法）
④地方税（租税）条例主義の内容（課税要件法定（条例）主義と課税要件明確主義）

重要度ランク………Ｂ

【規範】

「 思うに，いわゆる租税法律主義とは，行政権が法律に基づかずに租税を賦課徴収することはできないとすることにより，行政権による恣意的な課税から国民を保護するための原則であつて，憲法84条の「あらたに租税を課し，又は現行の租税を変更するには，法律又は法律の定める条件によることを必要とする。」との規定は，この原則を明らかにしたものと解されるが(*1)，地方自治に関する憲法92条に照らせば，地方自治の本旨に基づいて行われるべき地方公共団体による地方税の賦課徴収については，住民の代表たる議会の制定した条例に基づかずに租税を賦課徴収することはできないという租税（地方税）条例主義が要請されるというべきであつて，この意味で，憲法84条にいう「法律」には地方税についての条例を含むものと解すべきであり(*2)，地方税法3条が「地方団体は，その地方税の税目，課税客体，課税標準，税率その他賦課徴収について定をするには，当該地方団体の条例によらなければならない。」と定めているのは，右憲法上の要請を確認的に明らかにしたものということができる。そして，右地方税条例主義の下においては，地方税の賦課徴収の直接の根拠となるのは条例であつて，法律ではないことになり，地方税法は地方税の課税の枠を定めたものとして理解される(*3)。

そして，租税法律（条例）主義は，行政権の恣意的課税を排するという目的からして，当然に，課税要件のすべてと租税の賦課徴収手続は，法律（条例）によつて規定されなければならないという課税要件法定（条例）主義と，その法律（条例）における課税要件の定めはできるだけ一義的に明確でなければならないという課税要件明確主義とを内包するものというべきである(*4)。」

【ワンポイント解説】
　(＊1)で租税法律主義（憲法84条）の趣旨が判示されている（「行政権による恣意的課税から国民を保護する」という点がポイントである）。
　(＊2)では，租税法律主義が，地方税の場合にも妥当すること，その場合，法律ではなく条例と読み替えるべきことが判示されている。ただし，地方税は，地方公共団体の条例で制定するものの，国法である地方税法の枠（法律の範囲）内で可能と理解されている。この点についての言及が(＊3)である。
　(＊4)では，地方税条例においても，租税法律主義と同様に，課税要件法定（条例）主義と課税要件明確主義が妥当することが判示されている。

memo

8 福岡マンション譲渡損失事件
（福岡高裁平成20年10月21日判決・判例時報2035号20頁，ケースブック§125.01）

判例に登場する論点　どこで使う規範？
①遡及立法の合憲性（憲法84条）
②租税法規不遡及の原則（遡及立法禁止の原則）と憲法84条
③租税立法における立法府の裁量
④遡及立法の違憲審査基準

重要度ランク………

【規範】

「　納税者は，現在妥当している租税法規に依拠しつつ，現在の法規に従って課税が行われることを信頼しながら各種の取引を行うのであるから，後になってその信頼を裏切ることは，憲法84条が定める租税法律主義が狙いとする一般国民の生活における予測可能性，法的安定性を害することになり，同条の趣旨に反する。したがって，公布の前に完了した行為や過去の事実から生じる納税義務の内容を納税者の不利益に変更することは，憲法84条の趣旨に反するものとして違憲となることがあるというべきである(*1-1)。……

　……公布の前に完了した取引や過去の事実から生じる納税義務の内容を納税者の不利益に変更することは，憲法84条の趣旨に反するものとして違憲となることがあり得るというべきであるが，前記不利益変更のすべてが同条の趣旨に反し違憲となるとはいえない(*1-2)。

　なぜなら，憲法は，同法39条の遡及処罰の禁止や同法84条の租税法律主義とは異なり，租税法規の遡及適用の禁止を明文で定めていないが，このことは，憲法が，明文で定める租税法律主義（同法84条，30条）による課税の民主的統制を憲法上の絶対的要請としたのに対し，租税法規不遡及の原則による課税の予測可能性・法的安定性の保護を，租税法律主義から派生する相対的な要請としたことを示しており，租税法規不遡及の原則については，課税の民主的統制に基づく一定の制限があり得ることを許容するものといえるからである(*2)。

　また，租税は，今日では，国家の財政需要を充足するという本来の機能のほか，所得の再分配，資源の適正配分，景気の調整等の諸機能をも有しており，国民の租税負担を定めるについて，財政，経済，社会政策等の国政全般からの総合的な政策判断を必要とするばかりでなく，課税要件等を定めるについても極めて専門技術的な判断を必要とする。したがって，租税法の定立については，国家財政，社会経済，国民所得，国民生活等の実態についての正確な資料を基礎とする立法府の政策的，技術的な判断にゆだねるほかはなく，裁判所は基本的

にはその裁量的判断を尊重せざるを得ないものというべきであり（最高裁昭和60年3月27日大法廷判決・民集39巻2号247頁），このことは，租税法規の適用時期についても当てはまるものである**(＊3)**。

　以上からすれば，納税者に不利益な租税法規の遡及適用であっても，遡及適用することに合理性があるときは，憲法84条の趣旨に反し違憲となるものではないというべきである。

　……納税者に不利益な遡及適用に合理性があって，憲法84条の趣旨に反しないものといえるかは，①遡及の程度（法的安定性の侵害の程度），②遡及適用の必要性，③予測可能性の有無，程度，④遡及適用による実体的不利益の程度，⑤代償的措置の有無，内容等を総合的に勘案して判断されるべきである（財産権の遡及的制約に関する最高裁昭和53年7月12日大法廷判決・民集32巻5号946頁参照）**(＊4)**。」

【ワンポイント解説】

　(＊1－1) で，遡及立法の合憲性について判示されている（具体的には，**(＊1－1)** で不利益な遡及立法は憲法84条の趣旨に違反することがあること，**(＊1－2)** で不利益な遡及立法のすべてが違憲するものではないことが判示されている）。**(＊2)** では，租税法規不遡及の原則（遡及立法禁止の原則）と憲法84条が保障する租税法律主義との関係が判示されている。**(＊3)** では，租税立法に対する立法府の裁量について，最高裁大法廷昭和60年3月27日判決【1】を引用したうえで，租税法規の適用時期についても立法の裁量が妥当することが判示されている。

　(＊4) では，遡及立法の違憲審査基準が具体的に判示されている。憲法の論点ではあるが新しい判例であることもあわせ考えると，**(＊4)** の規範についてはチェックをしておくことが重要であろう。

memo

9 株式会社月ケ瀬事件
（最高裁大法廷昭和37年2月28日判決・刑集16巻2号212頁，ケースブック§131.01）

①源泉徴収制度の意義
②源泉徴収制度の合憲性（憲法29条）
③租税の徴収に関する立法と租税公平主義（租税平等主義）
④源泉徴収制度の趣旨
⑤源泉徴収制度の合憲性（憲法14条）

重要度ランク………**B**

【規範】

「……給与所得者に対する所得税の源泉徴収制度は，これによつて国は税収を確保し，徴税手続を簡便にしてその費用と労力とを節約し得るのみならず，担税者の側においても申告，納付等に関する煩雑な事務から免かれることができる。また徴収義務者にしても，給与の支払をなす際所得税を天引しその翌月10日までにこれを国に納付すればよいのである(*1)から，利するところ全くなしとはいえない。されば源泉徴収制度は，給与所得者に対する所得税の徴収方法として能率的であり，合理的であつて，公共の福祉の要請にこたえるものといわなければならない。これすなわち諸国においてこの制度が採用されているゆえんである。かように源泉徴収義務者の徴税義務は憲法の条項に由来し，公共の福祉によつて要請されるものであるから，この制度は所論のように憲法29条1項に反するものではなく……(*2)。

……租税はすべて最も能率的合理的な方法によつて徴収せらるべきものであるから，同じ所得税であつても，所得の種類や態様の異なるに応じてそれぞれにふさわしいような徴税の方法，納付の時期等が異様に定められることはむしろ当然であつて，それ等が一律でないことをもつて憲法14条に違反するということはできない(*3)。次に論旨は，源泉徴収義務者が一般国民に比して不平等な取扱を受けることを論難する。しかし法は，給与の支払をなす者が給与を受ける者と特に密接な関係にあつて，徴税上特別の便宜を有し，能率を挙げ得る点を考慮して，これを徴税義務者としているのである(*4)。この義務が，憲法の条項に由来し，公共の福祉の要請にかのうものであることは，すでに論旨第一について上述したとおりである。かような合理的理由ある以上これに基いて担税者と特別な関係を有する徴税義務者に一般国民と異なる特別の義務を負担させたからとて，これをもつて憲法14条に違反するものということはできない(*5)。」

【ワンポイント解説】
　源泉徴収制度の合憲性について判示した最高裁大法廷判決である。大別すると，(＊1)～(＊2)で財産権（憲法29条）との関係，(＊3)～(＊5)で租税公平主義（租税平等主義・憲法14条）との関係が判示されている。徴収制度に関する憲法論であるため，租税法における重要度はそれほど高くはない。

　ただし，源泉徴収を行った処分（納税告知処分）の適法性が争われ当該処分が取り消された判決が近時増加している。租税法の学習にあたっても源泉徴収制度を学習する重要度は高い。本判決はその出発点（前提）として読んでおくとよいだろう。(＊1)の源泉徴収制度の意義は重要である。(＊2)で判示されている源泉徴収制度の趣旨（「密接な関係」のくだり）は，破産管財人の源泉徴収義務について判示した近時の最高裁平成23年1月14日判決・金融法務事情1916号48頁のベースとなるものでもあり，これも重要である。

memo

10 スコッチライト事件
（大阪高裁昭和44年9月30日判決・高裁民集22巻5号682頁，ケースブック§132.01）

判例に登場する論点　どこで使う規範？
①租税公平主義（租税平等主義）の意義
②法の執行段階（徴税の段階）における租税公平主義（租税平等主義）

重要度ランク………C

【規範】

「　憲法84条は租税法律主義を規定し，租税法律主義の当然の帰結である課・徴税平等の原則は，憲法14条の課・徴税の面における発現であると言うことができる(*1)。みぎ租税法律主義ないし課・徴税平等の原則に鑑みると，特定時期における特定種類の課税物件に対する税率は日本全国を通して均一であるべきであつて，同一の時期に同一種類の課税物件に対して賦課・徴収された租税の税率が処分庁によつて異なるときには，少くともみぎ課・徴税処分のいづれか一方は誤つた税率による課・徴税をした違法な処分であると言うことができる(*2)。けだし，収税官庁は厳格に法規を執行する義務を負つていて，法律に別段の規定がある場合を除いて，法律の規定する課・徴税の要件が存在する場合には必ず法律の規定する課・徴税をすべき義務がある反面，法律の規定する課・徴税要件が存在しない場合には，その課・徴税処分をしてはならないのであるから・同一時期における同一種類の課税物件に対する二個以上の課・徴税処分の税率が互に異なるときは，みぎ二個以上の課・徴税処分が共に正当であることはあり得ないことであるからである。」

【ワンポイント解説】

（＊１）で，租税公平主義（租税平等主義）が，憲法84条（租税法律主義）の当然の帰結として保障されていること，憲法14条（平等原則）の課税・徴収面におけるあらわれであることが判示されている。（＊２）では，課税処分・徴収処分が租税公平主義（租税平等主義）に違反する場合が判示されている。

平等原則は，基本的には憲法の論点であり，租税法の論点としてはやや細かいが，租税法の学習としてはその理念を押さえてくことが大切である（なお，本判決では，「課・徴税平等の原則」という言葉が使われている。課税のみならず徴収についても平等であるべき，という意味がこめられた用語だと考えられるが，現在では一般的には「租税公平主義」ないし「租税平等主義」という言葉が使われている）。

memo

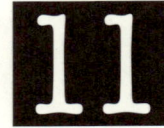

11 パチンコ球遊機事件
(最高裁昭和33年3月28日判決・民集12巻4号624頁, ケースブック§140.02)

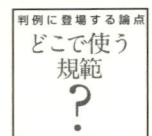

①通達課税（租税法律主義・課税要件法定主義）

重要度ランク………A

【規範】

「……論旨は，通達課税による憲法違反を云為しているが，本件の課税がたまたま所論通達を機縁として行われたものであつても，通達の内容が法の正しい解釈に合致するものである以上，本件課税処分は法の根拠に基く処分と解するに妨げがなく(＊1)，所論違憲の主張は，通達の内容が法の定めに合致しないことを前提とするものであつて，採用し得ない。」

【ワンポイント解説】

　憲法84条は，課税をするためには「法律」によらなければならないことを定めている（租税法律主義・課税要件法定主義）。したがって，「法律」ではなく，課税庁内部の命令に過ぎない「通達」で，課税を行うことは許さない。この点については判例・通説ともに一致をみている。

　本判決も，こうした判例・通説に矛盾するものではなく，通達課税そのものを容認しているわけではない。判旨をよく読みこむと，あくまで，法の内容に合致するか否かを解釈して課税を適法と解したものであり，それがたまたま通達の改正をきっかけに課税されていなかったものに課税が始められたという経緯があったとしても，租税法律主義違反ではないという判示であることがわかる。「法の正しい解釈」というのは，実際に課税の根拠となった法律の規定（課税根拠規定）のことである。「当該法律の規定を正しく解釈すると課税できる」というのであれば，法律の規定を根拠に課税をしている以上（課税根拠規定が法律にある以上），課税要件法定主義（租税法律主義）には違反しない。本判決が（＊1）でいわんとしていることは，こういうことである。

　憲法上の論点だが，租税法律主義と通達課税にかかわる重要な最高裁判決である。租税法を学習するにあたっては，本判決文の内容を正確に理解することが肝要である。

memo

12 レーシングカー物品税事件
（最高裁平成9年11月11日判決・訟務月報45巻2号421頁，ケースブック§161.01）

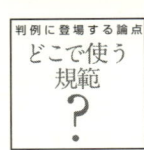

①租税法の解釈（拡張解釈）

重要度ランク………C

【規範】
「 物品税法（昭和63年法律第108号により廃止）別表課税物品表第二種の物品7号2には課税物品として小型普通乗用四輪自動車が掲げられているところ，右にいう普通乗用自動車とは，特殊の用途に供するものではない乗用自動車をいい，ある自動車が普通乗用自動車に該当するか否かは，当該自動車の性状，機能，使用目的等を総合して判定すべきものと解するのが相当である(＊1)。」

【ワンポイント解説】

　本判決はすでに廃止されている物品税法の解釈が問題になった事件であり，現行租税法を学ぶものにとって直接の必要性はない分野の判例である。ただし，考え方としては，租税法における法解釈のあり方の例として参考になるため，租税法の解釈（拡張解釈の問題）としてテキストでも紹介されていることが多い。

　具体的には，フォーミュラータイプに属する競争用自動車を「普通常用自動車」といえるのかが問題になった。一般の人の感覚からすると，「人の移動という乗用目的」は同じだとしても，レーシングカーが「普通常用自動車」だという認識はなく，したがって，レーシングカーを「普通常用自動車」だと解釈することは，明確な定義がなされていない以上，違法ではないか（許されない拡張解釈ではないか）という点が問題になった。

　この問題意識を共有しているのが第一審判決と，本判決の反対意見（尾崎行信裁判官）である。尾崎裁判官は，「本件各自動車が課税対象たる「小型普通乗用四輪自動車」に該当するか否かは，人の乗用を伴うか否かのみによって判断されるべきではなく，自動車としての性状，機能，使用目的等の諸要素及び陸運事務所の登録の可否，種別を総合勘案して判断すべきである。」として，「普通乗用自動車」にあたらないという反対意見を述べている。

　なお，本判決では（＊１）の判断基準を採ることが判示されている。

memo

13 ホステス源泉徴収事件
（最高裁平成22年3月22日判決・判例時報2078号8頁，ケースブック§161.01）

判例に登場する論点 どこで使う規範？
①所得税法施行令322条にいう「期間」の意義
②租税法の解釈（文理解釈）
③所得税法施行令322条にいう「計算期間の日数」の意義

重要度ランク………**B+**

【規範】

「……一般に，「期間」とは，ある時点から他の時点までの時間的隔たりといった，時的連続性を持った概念であると解されているから，施行令322条にいう「当該支払金額の計算期間」も，当該支払金額の計算の基礎となった期間の初日から末日までという時的連続性を持った概念であると解するのが自然であり(＊1)，これと異なる解釈を採るべき根拠となる規定は見当たらない。

原審は，上記……のとおり判示するが，租税法規はみだりに規定の文言を離れて解釈すべきものではなく(＊2)，原審のような解釈を採ることは，上記のとおり，文言上困難であるのみならず，ホステス報酬に係る源泉徴収制度において基礎控除方式が採られた趣旨は，できる限り源泉所得税額に係る還付の手数を省くことにあったことが，立法担当者の説明等からうかがわれるところであり，この点からみても，原審のような解釈は採用し難い。

そうすると，ホステス報酬の額が一定の期間ごとに計算されて支払われている場合においては，施行令322条にいう「当該支払金額の計算期間の日数」は，ホステスの実際の稼働日数ではなく，当該期間に含まれるすべての日数を指すものと解するのが相当である(＊3)。」

【ワンポイント解説】
　租税法の解釈にあたっては，文理解釈（条文の文言から素直に読み取れる文字通りの解釈）をすべきことが原則である（判例・通説）。侵害規範を定めた租税法の解釈においては，納税者に対する予測可能性を確保する観点から，厳格な解釈が求められるからである。この点が判示されているのが（＊２）である。

　本判決の主たる争点は，ホステスに対する報酬の支払いに際し，事業者が源泉徴収すべき税額を算定するにあたって必要になる「当該支払い金額の計算期間の日数」（所得税法施行令322条）の意義であった。

　「期間」という用語の一般的な意味からすれば（＊１），課税庁が主張するように「ホステスの実際の稼動日数（現実に出勤した日数）」と読み替えることはできないという，常識的な判示である（＊３）。（＊２）で判示された「文理解釈の原則」にのっとり，「期間」という用語についても，一般的な用語の意義から解釈が行われている。

　実務的にはインパクトがあった最高裁判決だが，租税法の学習においては，本件における規範（＊３）を導くために最高裁が採用した，（＊１）（＊２）の考え方（税法解釈のあり方）を理解することが重要である。

memo

14 鈴や金融株式会社事件
(最高裁昭和35年10月7日判決・民集14巻12号2420頁, ケースブック §162.01)

判例に登場する論点 どこで使う規範？
①借用概念
②所得税法の「利益配当」の意義

重要度ランク………A

【規範】

「 おもうに，商法は，取引社会における利益配当の観念（すなわち，損益計算上の利益を株金額の出資に対し株主に支払う金額）を前提として，この配当が適正に行われるよう各種の法的規制を施しているものと解すべきである（たとえば，いわゆる蛸配当の禁止《商法290条》，株主平等の原則に反する配当の禁止《同法293条》等）。そして，所得税法中には，利益配当の概念として，とくに，商法の前提とする，取引社会における利益配当の観念と異なる観念を採用しているものと認むべき規定はないので，所得税法もまた，利益配当の概念として，商法の前提とする利益配当の観念と同一観念を採用しているものと解するのが相当である(＊1)。従つて，所得税法上の利益配当とは，必ずしも，商法の規定に従つて適法になされたものにかぎらず，商法が規制の対象とし，商法の見地からは不適法とされる配当（たとえば蛸配当，株主平等の原則に反する配当等）の如きも，所得税法上の利益配当のうちに含まれるものと解すべきことは所論のとおりである(＊2)。」

【ワンポイント解説】
　租税法の条文に登場する用語について，特段の定義規定がないために，その意義をめぐって争いになることがある。この点について，判例・通説では，私法（民法・商法・会社法など）にある用語がそのまま使われている場合には，私法の概念と同義に解すべきであると考えられている（借用概念に関する統一説）。なお，私法の分野からの借用概念に対して，租税法が独自に用いている用語は固有概念と呼ばれている。租税法の基本事項なので，押さえておきたい。

　本判決では，（＊１）で利益配当という旧商法（現行会社法）の借用概念について，旧商法と同義に解すべきという考えが示されている（統一説。金子宏『租税法（第16版）』111頁）。そのうえで，（＊２）で所得税法上の利益配当（配当所得）の意義が判示されている（最高裁昭和35年10月7日判決【32】参照）。

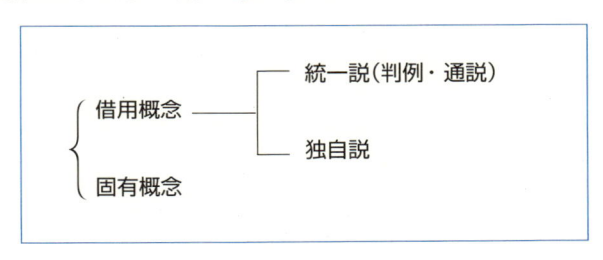

```
        ┌ 借用概念 ─┬─ 統一説（判例・通説）
        {           └─ 独自説
        └ 固有概念
```

memo

15 勧業経済株式会社事件
（最高裁昭和36年10月27日判決・民集15巻9号2357頁,ケースブック §162.02）

判例に登場する論点
どこで使う規範
?

①所得税法上の匿名組合の意義（借用概念）
②租税法の解釈（拡張解釈）

重要度ランク………A

【規範】
「……法律が，匿名組合に準ずる契約としている以上，その契約は，商法上の匿名組合契約に類似するものがあることを必要とするものと解すべく，出資者が隠れた事業者として事業に参加しその利益の配当を受ける意思を有することを必要とするものと解するのが相当である(＊1)。……

……昭和28年法律173号による所得税法の改正の趣旨，目的が論旨のとおりであつても，いたずらに，法律の用語を拡張して解釈し，本件契約をもって同法にいう匿名組合契約に準ずる契約と解することはできない(＊2)。」

【ワンポイント解説】

　所得税法にいう「匿名組合」は，商法にいう匿名組合の借用概念だが，これと同義に解すべきか（統一説），それによらず租税法独自の観点から解釈することができるか（独自説）という争点について，本判決でも（＊1）で統一説に立つことが明らかにされている（最高裁昭和35年10月7日判決【14】参照）。借用概念は，税法に特別な定義規定がないまま他の法律（民法・商法・会社法など）の用語が用いられている場合，その税法の当該規定における用語の意義をどのように解すべきかという問題である。借用概念については，税法独自の観点から用語の意義を解釈するのではなく（独自説ではなく），本判決のように，民法・商法等の規定の概念と統一して解釈すべき（統一説）と解するのが判例・通説である。法概念の相対性（民法と刑法の議論など）の観点からすれば，税法が定める用語の意義と，民法・商法などの私法が定める用語の意義を統一して解釈すべき必然性は必ずしもないはずである。しかし税法は国民に対する納税の義務を具体化する規定であり，法的安定性を確保する必要性が高い。また，租税法は，いわゆる「侵害規範」にあたるため，法解釈の厳格性が要請されると考えられている（金子宏『租税法（第16版）』108頁以下，谷口勢津夫『税法基本講義（第2版）』32頁以下）。

　（＊2）では，借用概念について，私法上の概念（旧商法の概念）を離れて，税法の独自の解釈を行うことは「許されない拡張解釈」であることが判示されている。

memo

16 レポ取引事件
（東京地裁平成19年4月17日判決・判例時報1986号23頁，ケースブック §162.02）

判例に登場する論点 どこで使う規範？
①租税法における用語の意義（解釈）
②所得税法161条6号の「利子」の意義
③所得税法161条6号の「貸付金（これに準ずるものを含む。）」の「利子」の意義
④「準ずる」の判断基準

重要度ランク………**B**

【規範】

「……法令において用いられた用語がいかなる意味を有するかを判断するに当たっては，まず，当該法文自体及び関係法令全体から用語の意味が明確に解釈できるかどうかを検討することが必要である。その上で，なお用語の意味を明確に解釈できない場合には，立法の目的，経緯，法を適用した結果の公平性，相当性等の実質的な事情を検討の上，その用語の意味を解釈するのが相当である(＊1−1)。

……所得税法は，「利子」について定義を設けていないものの，租税関係法令の用例にかんがみれば，利息（民法404条等）と同義であるといえることから，「利子」とは，元本債権から定期的に一定の割合で発生する法定果実を指すと解される(＊2)。……

……まず，税法の解釈において使用される用語の用法が通常の用語の用法に反する場合，当該税法が客観性を失うことになるため，納税者の予測可能性を害し，また，法的安定性をも害することになることからすれば，税法中に用いられた用語が法文上明確に定義されておらず，他の特定の法律からの借用した概念であるともいえない場合であっても，その用語は，特段の事情がない限り，言葉の通常の用法に従って解釈されるべきである(＊1−2)。

……以上検討したところによれば，所得税法161条6号「貸付金（これに準ずるものを含む。）」の「利子」とは，消費貸借契約に基づく貸付債権を基本としつつ，その性質，内容等がこれとおおむね同様ないし類似の債権の利子ということができる(＊3)。……

……結局のところ，本件各レポ取引（正確にはこれに基づくエンド取引時における売買代金債権）が所得税法161条6号「貸付金（これに準ずるものを含む。）」に該当するか否かは，本件各レポ取引の法形式及び経済的効果を踏まえ，本件各レポ取引のエンド取引における売買代金債権が，上述したように，消費貸借契約における貸付債権とその性質，内容等がおおむね同様ないし類似するか否か

によって判断するのが相当であると解する(＊4)。」

【ワンポイント解説】
　租税法の条文にある用語について，特段の定義規定がないため，その文言の意味をめぐり争いになることは多い。本判決では，こうした場合に，(＊1－1)で，まず文言や関係法令全体から解釈をすべきこと，それでも明らかにならない場合には，「法の目的，経緯，法を適用した結果の公平性，相当性等の実質的な事情」を検討すべきこと，また，借用概念といえない場合であっても，原則としてその言葉の「通常の用法」に従って解釈すべきことが判示されている(＊1－2)。
　国内源泉所得を定めた所得税法161条6号の具体的な解釈については，(＊2)で，「利子」は私法（民法）の利息と同義に解すべきことが判示され（借用概念の統一説によるものと思われる），「貸付金（これに準ずるものを含む。）…の利子」の意義が(＊3)で判示されている。さらに「これに準ずるもの」にあたるか否かの判断基準が(＊4)で判示されている。
　レポ取引に関する判決は，実務上は重要だが，学習上はやや細かい論点になるかもしれない。ただし，本判決が示した一般的な租税法規の解釈の仕方や判断基準については，学習上も重要である。

memo

17 錯誤による財産分与契約事件
（最高裁平成元年9月14日判決・判例時報1336号93頁，ケースブック§163.01）

判例に登場する論点 どこで使う規範？

①動機の錯誤
②所得税法33条1項の「資産の譲渡」の意義
③所得税法33条1項の「資産の譲渡」と財産分与
④財産分与と動機の錯誤

重要度ランク………Ⓐ

【規範】

「 意思表示の動機の錯誤が法律行為の要素の錯誤としてその無効をきたすためには，その動機が相手方に表示されて法律行為の内容となり，もし錯誤がなかったならば表意者がその意思表示をしなかったであろうと認められる場合であることを要するところ（最高裁昭和27年（オ）第938号同29年11月26日第二小法廷判決・民集8巻11号2087頁，……参照），右動機が黙示的に表示されているときであっても，これが法律行為の内容となることを妨げるものではない(*1)。

本件についてこれをみると，所得税法33条1項にいう「資産の譲渡」とは，有償無償を問わず資産を移転させる一切の行為をいうものであり(*2)，夫婦の一方の特有財産である資産を財産分与として他方に譲渡することが右「資産の譲渡」に当たり，譲渡所得を生ずるものであることは，当裁判所の判例（最高裁昭和47年（行ツ）第4号同50年5月27日第三小法廷判決・民集29巻5号641頁，……）とするところであり，離婚に伴う財産分与として夫婦の一方がその特有財産である不動産を他方に譲渡した場合には，分与者に譲渡所得を生じたものとして課税されることとなる(*3)。したがって，前示事実関係からすると，本件財産分与契約の際，少なくとも上告人において右の点を誤解していたものというほかはないが，上告人は，その際，財産分与を受ける被上告人に課税されることを心配してこれを気遣う発言をしたというのであり，記録によれば，被上告人も，自己に課税されるものと理解していたことが窺われる。そうとすれば，上告人において，右財産分与に伴う課税の点を重視していたのみならず，他に特段の事情がない限り，自己に課税されないことを当然の前提とし，かつ，その旨を黙示的には表示していたものといわざるをえない(*4)。……」

【ワンポイント解説】
　税法における動機の錯誤の問題である。本判決では，(＊１)で民法95条の論点である「動機の錯誤」の規範および表示が黙示である場合も含むことが判示（引用）されたうえで（ここは民法の復習になる），(＊４)で，離婚に伴う財産分与について課税の点を心配していた者が課税されないと勘違いをして行った財産分与について，黙示的な動機の表示が認定され，動機の錯誤が認められ得ることが判示されている。
　なお，所得税法の論点として，所得税法33条1項にいう「資産の譲渡」の意義と(＊２)，財産分与がこれにあたるか(＊３)という前提問題も判示されている。

memo

18 尼崎市相続土地喪失事件
（大阪高裁平成14年7月25日判決・訟務月報49巻5号1617頁，ケースブック§163.02）

判例に登場する論点 どこで使う規範？
①国税通則法23条2項1号の意義
②国税通則法23条2項1号と取得時効の確定判決
③取得時効の遡及効と租税法

重要度ランク………… Ｂ

【規範】

「……国税通則法23条2項1号にいう「その申告，更正又は決定に係る課税標準等又は税額等の計算の基礎となった事実に関する訴えについての判決により，その事実が当該計算の基礎としたところと異なることが確定したとき」とは，例えば，不動産の売買があったことに基づき譲渡所得の申告をしたが，後日，売買の効力を争う訴訟が提起され，判決によって売買がなかったことが確定した場合のように，税務申告の前提とした事実関係が後日異なるものであることが判決により確定した場合をいうと解されるところ(*1)，本件においては，前記のとおり，本件相続開始時には，控訴人らは本件各土地につき所有権を有していたのであり，その点で食い違いはなく，別件判決（……）は国税通則法23条2項1号にいう「判決」には該当しないと解される(*2)。

　課税実務上，時効により権利を取得した者に対する課税上の取扱いにつき，時効の援用の時に一時所得に係る収入金額が発生したものとし，時効により権利を喪失した者については，それが法人である場合は，時効が援用された時点を基準に時効取得により生じた損失を損金算入する扱いがされているが，正当な取扱いとして是認することができる(*3)。」

【ワンポイント解説】

　取得時効には遡及効があるが（民法144条），租税法においては，「所得・取得等の概念について経済活動の観点からの検討も必要」と考えるのが本判決である。以上の観点から，(＊3)で，取得時効によって所有権を喪失した側の処理については，課税上はさかのぼらないことが判示されている。

　申告をした後に事情が異なることが発覚した場合や，後発的事由が生じた場合に行うことができる更正の請求（国税通則法23条）は，実務上も国税通則法の学習上も重要であるため，条文の意義(＊1)は押さえておきたい（なお，本判決のあてはめでは，取得時効により後日，所有権の喪失が確定した民事の判決は，同法23条2項1号に該当しないと判示されている(＊2)）。

memo

19 相互売買事件
（東京高裁平成11年6月21日判決・高裁民集52巻1号26頁、ケースブック§164.02）

判例に登場する論点 どこで使う規範？
①契約自由の原則
②租税回避行為の否認
③仮装隠ぺいがある場合

重要度ランク………**A**

【規範】
「……本件取引に際して、亡HらとYの間でどのような法形式、どのような契約類型を採用するかは、両当事者間の自由な選択に任されていることはいうまでもないところである(＊1)。確かに、本件取引の経済的な実体からすれば、本件譲渡資産と本件取得資産との補足金付交換契約という契約類型を採用した方が、その実体により適合しており直截であるという感は否めない面があるが、だからといって、譲渡所得に対する税負担の軽減を図るという考慮から、より迂遠な面のある方式である本件譲渡資産及び本件取得資産の各別の売買契約とその各売買代金の相殺という法形式を採用することが許されないとすべき根拠はないものといわざるを得ない(＊2)。

　もっとも、本件取引における当事者間の真の合意が本件譲渡資産と本件取得資産との補足金付交換契約の合意であるのに、これを隠ぺいして、契約書の上では本件譲渡資産及び本件取得資産の各別の売買契約とその各売買代金の相殺の合意があったものと仮装したという場合であれば、本件取引で亡Hらに発生した譲渡所得に対する課税を行うに当たっては、右の隠ぺいされた真の合意において採用されている契約類型を前提とした課税が行われるべきことはいうまでもないところである(＊3)。……」

【ワンポイント解説】
　租税法は，私法（民法・商法・会社法など）上の行為を前提に，どのような課税を行うべきかを定めた法律である。私法上は私的自治の原則のもと，契約自由の原則がある。そのため，当事者がどのような契約を締結するかは自由である（＊１）。このことは，課税を軽減させる意図のもとに選択された契約形式だとしても，それ（租税回避）を理由に課税を行うことは許されないと解されており，このことが（＊２）で判示されている。
　もっとも，契約自由といっても，課税を軽減する（租税回避を行う）ために，仮装隠ぺいを行うことまで許されるわけではない。その場合には真の合意を前提に課税を行うべきことが（＊３）で判示されている。もっとも，本件においては課税を軽減する意図はあったものの，仮装隠ぺいはないとして，当事者が選択した法形式を尊重する判断がなされた（課税処分は違法であると判示され取り消された）。

memo

20 外国税額控除余裕枠りそな銀行事件
（最高裁平成17年12月19日判決・民集59巻10号2964頁, ケースブック§164.04）

判例に登場する論点 どこで使う規範？
①法人税法69条の外国税額控除制度の意義
②限定解釈による租税回避行為の否認（濫用論）

重要度ランク………… Ｂ

【規範】

「……法人税法69条の定める外国税額控除の制度は，内国法人が外国法人税を納付することとなる場合に，一定の限度で，その外国法人税の額を我が国の法人税の額から控除するという制度である。これは，同一の所得に対する国際的二重課税を排斥し，かつ，事業活動に対する税制の中立性を確保しようとする政策目的に基づく制度である(*1)。

　……ところが，本件取引は，全体としてみれば，本来は外国法人が負担すべき外国法人税について我が国の銀行である被上告人が対価を得て引き受け，その負担を自己の外国税額控除の余裕枠を利用して国内で納付すべき法人税額を減らすことによって免れ，最終的に利益を得ようとするものであるということができる。これは，我が国の外国税額控除制度をその本来の趣旨目的から著しく逸脱する態様で利用して納税を免れ，我が国において納付されるべき法人税額を減少させた上，この免れた税額を原資とする利益を取引関係者が享受するために，取引自体によっては外国法人税を負担すれば損失が生ずるだけであるという本件取引をあえて行うというものであって，我が国ひいては我が国の納税者の負担の下に取引関係者の利益を図るものというほかない。そうすると，本件取引に基づいて生じた所得に対する外国法人税を法人税法69条の定める外国税額控除の対象とすることは，外国税額控除制度を濫用するものであり，さらには，税負担の公平を著しく害するものとして許されないというべきである(*2)。」

【ワンポイント解説】
　法人税法69条が定める外国税額控除の制度が，同一の所得に対する国際的二重課税を排斥する趣旨であり，政策目的に基づくものであることが（＊1）で判示されている。
　本判決では，この制度を政策目的に反して利用することは「濫用」であり，「税負担の公平」の見地から許されないと判示されている（＊2）。この点については，法文を限定解釈することで租税回避行為を否認する法理（濫用論）だと評価する向きがある。濫用論により制度の利用を否定した租税法判決は他にほとんどなく，本判決の評価の仕方が議論されている（酒井克彦『スタートアップ租税法（第2版）』83頁以下参照）。

memo

21 酒類販売業者青色申告事件
（最高裁昭和62年10月30日判決・訟務月報34巻4号853頁，ケースブック§166.01）

判例に登場する論点
どこで使う規範
？

①租税法における信義則の適用の可否
②租税法における信義則を適用するための要件

重要度ランク………A

【規範】
「……租税法規に適合する課税処分について，法の一般原理である信義則の法理の適用により，右課税処分を違法なものとして取り消すことができる場合があるとしても，法律による行政の原理なかんずく租税法律主義の原則が貫かれるべき租税法律関係においては，右法理の適用については慎重でなければならず，租税法規の適用における納税者間の平等，公平という要請を犠牲にしてもなお当該課税処分に係る課税を免れしめて納税者の信頼を保護しなければ正義に反するといえるような特別の事情が存する場合に，初めて右法理の適用の是非を考えるべきものである(*1)。そして，右特別の事情が存するかどうかの判断に当たつては，少なくとも，税務官庁が納税者に対し信頼の対象となる公的見解を表示したことにより，納税者がその表示を信頼しその信頼に基づいて行動したところ，のちに右表示に反する課税処分が行われ，そのために納税者が経済的不利益を受けることになつたものであるかどうか，また，納税者が税務官庁の右表示を信頼しその信頼に基づいて行動したことについて納税者の責めに帰すべき事由がないかどうかという点の考慮は不可欠のものであるといわなければならない(*2)。」

【ワンポイント解説】
　青色申告が承認されたものと信用するような状態が続いていたことがあった場合に、その承認を取り消すことが信義則に違反しないかが争われた事案である。本判決が示した規範は他の事例にも汎用性があり重要である。(＊1)で明文がない信義則（民法には1条2項が存在する）を租税法においても適用し得るかという一般論が判示され、(＊2)で租税法に信義則を適用するための要件（「特別の事情」が認められるための要素）が判示されている。

　もっとも、(＊2)の基準をよくみると厳格な要件が示されている。そのため、本判決以降、租税法において信義則が適用された事例はほとんどないのが実情である（そもそも信義則が問題になるのは、課税処分が租税法の要件に照らして適法とされる場合である。それにもかかわらず、信義則を理由に当該課税処分を違法にしてよいかという問題、つまり公平性や合法性の問題をはらむ点に、適用することのむずかしさがある）。

memo

第2編　所得税　Ⅰ　所得税の基礎

22　中高年齢者雇用開発給付金事件
（神戸地裁昭和59年3月21日判決・訟務月報30巻8号1485頁，ケースブック§211.01）

判例に登場する論点／どこで使う規範？
①包括的所得概念（純資産増加説）
②所得税法上の非課税規定

重要度ランク………Ａ

【規範】

「……現行の所得税法は，課税の対象となる所得を取得した経済上の成果（利得）としてとらえ，一定期間内における純資産の増加をすべて所得とみる一方(*1-1)，担税力が薄弱であることもしくは徴税上，公益上又は政策上の理由から非課税所得を定め（同法9ないし11条），租税特別措置法その他の法令により所得控除，特別税額控除等の課税除外所得を定めている(*2)。従って，このような税制の趣旨に照らすと，純資産の増加は，法令上それを明らかに非課税とする趣旨が規定されていない限りは，課税の対象とされるものと解すべきところ(*1-2)，給付金についてこのような特別の定めをした法令は存在しない。」

【ワンポイント解説】

　現行所得税法は包括的所得概念を採用しており，外部からの経済的価値の流入（純資産の増加）がある限り（後述の最高裁昭和46年11月9日判決【23】が判示するとおり，違法な所得であったとしても），原則として「所得」を構成すると解されている（反覆・継続性があるものに限り「所得」を構成すると考える制限的所得概念（所得源泉説）は，一時所得や雑所得が導入されている現行所得税法においては採用されていない）。この点を明らかにした判示が（＊1－1）および（＊1－2）である。

　ただし，所得税法は非課税規定を9条ないし11条で定めている（＊2）。これは，経済的価値の流入があれば，包括的所得概念からは所得に該当するはずのところ，所得税法が特別の定めを置くことで課税をしないことが明らかにしたものである。逆にいうと非課税規定に該当しない限りは，所得として課税対象になる。所得税法の基本原則である所得概念と非課税規定の関係を理解するうえで重要な判例といえる。

memo

23 利息制限法違反利息事件
（最高裁昭和46年11月9日判決・民集25巻8号1120頁，ケースブック§211.02）

判例に登場する論点／どこで使う規範？
①違法な所得
②利息制限法違反の超過利息に対する課税
③未収の所得
④利息制限法違反の超過利息に対する課税（未収の場合）

重要度ランク………**A**

【規範】
「 利息制限法による制限超過の利息・損害金の支払がなされても，その支払は弁済の効力を生ぜず，制限超過部分は，民法491条により残存元本に充当されるものと解すべきことは，当裁判所の判例とするところであつて（昭和35年（オ）第1151号同39年11月18日大法廷判決，民集18巻9号1868頁），これによると，約定の利息・損害金の支払がなされても，制限超過部分に関するかぎり，法律上は元本の回収にほかならず，したがつて，所得を構成しないもののように見える。

　しかし，<u>課税の対象となるべき所得を構成するか否かは，必ずしも，その法律的性質いかんによつて決せられるものではない</u>(＊1)。当事者間において約定の利息・損害金として授受され，貸主において当該制限超過部分が元本に充当されたものとして処理することなく，依然として従前どおりの元本が残存するものとして取り扱つている以上，<u>制限超過部分をも含めて，現実に収受された約定の利息・損害金の全部が貸主の所得として課税の対象となるものというべきである</u>(＊2)。……

　一般に，金銭消費貸借上の利息・損害金債権については，その履行期が到来すれば，現実にはなお未収の状態にあるとしても，<u>旧所得税法10条1項にいう「収入すべき金額」にあたるものとして，課税の対象となるべき所得を構成すると解されるが，それは，特段の事情のないかぎり，収入実現の可能性が高度であると認められるからであつて</u>(＊3)，これに対し，<u>利息制限法による制限超過の利息・損害金は，その基礎となる約定自体が無効であつて（前記各大法廷判決参照），約定の履行期の到来によつても，利息・損害金債権を生ずるに由なく，貸主は，ただ，借主が，大法廷判決によつて確立された法理にもかかわらず，あえて法律の保護を求めることなく，任意の支払を行なうかも知れないことを，事実上期待しうるにとどまるのであつて，とうてい，収入実現の蓋然性があるものということはできず，したがつて，制限超過の利息・損害金は，たとえ約定の履行期が到来しても，なお未収であるかぎり，旧所得税法10条1項にいう「収

入すべき金額」に該当しないものというべきである(*4)。」

【ワンポイント解説】
　本判決は，利息制限違法に違反する制限超過利息に対する所得税法の課税について判示されたものである。①所得とはなにか（違法な所得でも所得になるか），②所得の年度帰属（課税時期）という2つの問題が参考になる。①の問題については，(*1)で所得に該当するか否かの判断において法的性質は問わない（違法な所得でも所得になる）ことが一般論として判示されている。いわゆる包括的所得概念との関係から導かれる考え方であろう。こうした一般論に続き，利息制限法に違反して収受した制限超過利息についても所得にあたり課税対象になることが(*2)で判示されている。
　これに対して，利息制限法に違反した制限超過利息であっても，未収の段階では課税の対象たる所得には該当しないことが(*4)で判示されている。一般論としては，所得の帰属年度（課税時期）については，所得税法36条1項（本判決にいう旧所得税法10条1項）の解釈として，現金収入があったとき（現金主義）ではなく，収入すべき権利の発生が確定したとき（発生主義のなかでも権利確定主義）であると解されているが，これを前提にした議論が(*3)で判示されている。
　なお，本判決は利息制限法に違反する制限超過利息であっても，課税の対象になることが判示されているが，いわゆる過払い請求があり借主に返還をした場合の処理については言及されていない。

memo

24 株式会社藤松事件
（大阪高裁昭和56年7月16日判決・行集32巻7号1054頁，ケースブック§211.03）

判例に登場する論点
どこで使う規範？

①未実現の所得
②未実現の所得に対する課税の合憲性

重要度ランク………**B+**

【規範】
「……未実現の利得も担税力を増加させることは否定できず，これを除外することは担税力に応じた公平な税負担の原則にそぐわない結果となるし，実現した利得のみを課税対象とすると租税回避が生じ易くなる。実現した利得のみを課税対象とするか，未実現の利得をも加えるか，またその範囲，限度等は結局，租税立法政策の問題というべきである。ところでわが国の所得税法，法人税法は，一定の場合に未実現の利得を所得として課税の対象としており（所得税法59条，40条，法人税法22条2項等），本件で争われている所得税法25条2項もその一例であるが(＊1)，立法政策の問題である以上，原則として違憲の問題を生ずる余地のないことは……で説示したとおりである(＊2)。」

【ワンポイント解説】

　未実現の所得であっても課税対象になる場合があることが所得税法，法人税法では定められている（＊1）。この点について，本判決は，立法政策の問題であり，合憲であると判示している（＊2）。

　未実現の所得に対する課税の合憲性の問題（＊2）は，憲法論であるし，違憲と考える立場はあまりないこともあわせ考えると，租税法固有の問題としては重要度が下がる。しかし未実現の所得に対する課税（＊1）の部分については，総論としては基本事項であり，租税法の学習上も重要である。この点，金子宏先生の『租税法（第16版）』によれば，「わが国でも，所得税法は，所得を収入という形態でとらえられているから，それらは原則としての課税の対象から除かれていると解さざるをえない。しかし，これは，それらが本質的に所得でないからではなく，それらを補足し評価することが困難であるからであって，それらを課税の対象とするかどうかは立法政策の問題である」と解説されている（同175頁）。

memo

25 年金払い生命保険金二重課税事件
（最高裁平成22年7月6日判決・判例時報2079号20頁，ケースブック §211.04）

判例に登場する論点 どこで使う規範？
①所得税法9条1項15号（非課税規定）の趣旨
②年金払い生命保険における年金の支払いに対する課税の有無
③年金払い生命保険における年金の支払いをする者の源泉徴収義務

重要度ランク………**B+**

【規範】

「……所得税法9条1項は，その柱書きにおいて「次に掲げる所得については，所得税を課さない。」と規定し，その15号において「相続，遺贈又は個人からの贈与により取得するもの（相続税法の規定により相続，遺贈又は個人からの贈与により取得したものとみなされるものを含む。）」を掲げている。同項柱書きの規定によれば，同号にいう「相続，遺贈又は個人からの贈与により取得するもの」とは，相続等により取得し又は取得したものとみなされる財産そのものを指すのではなく，当該財産の取得によりその者に帰属する所得を指すものと解される。そして，当該財産の取得によりその者に帰属する所得とは，当該財産の取得の時における価額に相当する経済的価値にほかならず，これは相続税又は贈与税の課税対象となるものであるから，同号の趣旨は，相続税又は贈与税の課税対象となる経済的価値に対しては所得税を課さないこととして，同一の経済的価値に対する相続税又は贈与税と所得税との二重課税を排除したものであると解される(*1)。

……したがって，これらの年金の各支給額のうち上記現在価値に相当する部分は，相続税の課税対象となる経済的価値と同一のものということができ，所得税法9条1項15号により所得税の課税対象とならないものというべきである(*2)。

……なお，所得税法207条所定の生命保険契約等に基づく年金の支払をする者は，当該年金が同法の定める所得として所得税の課税対象となるか否かにかかわらず，その支払の際，その年金について同法208条所定の金額を徴収し，これを所得税として国に納付する義務を負うものと解するのが相当である(*3)。」

【ワンポイント解説】
　新聞等でも話題になった最高裁判決である。事案は，年金特約付きの生命保険の受取人が，被保険者の死亡により，定期金として年金を受給した場合に，そこで受け取る年金について雑所得として課税することの当否が争われたものである。本判決では，この点につき，すでにその年金の価値も含めてみなし相続財産として相続税の課税対象にしている点に鑑みれば，二重課税であり許されないと判示された**（＊2）**。学習上重要なのは，**（＊1）**で判示されている所得税法9条1項15号（現行16号）の趣旨である。
　（＊3）は，上記年金を支払う際に生命保険会社が源泉徴収することの適否について判示されたものであり，実務上は重要だが，学習上はやや細かい論点かもしれない。ただし，源泉徴収が支払いをする者に対して課される（源泉）所得税の徴収納付義務であり，支払いの際に所定税額を差し引く（いわゆる天引き）制度である点は，条文などをたんねんに拾いながら確認をされたい（金子宏『租税法（第16版）』758頁以下参照）。

memo

26 日光貿易事件
（最高裁平成4年2月18日判決・民集46巻2号77頁，ケースブック§211.04）

判例に登場する論点
どこで使う規範
？

①所得税法120条1項5号と源泉徴収をされた受給者の救済方法
②源泉徴収義務の意義（三者間の法律関係）

重要度ランク………A-

【規範】

「……（所得税法）120条1項5号にいう「源泉徴収をされた又はされるべき所得税の額」とは，所得税法の源泉徴収の規定（第四編）に基づき正当に徴収をされた又はされるべき所得税の額を意味するものであり，給与その他の所得についてその支払者がした所得税の源泉徴収に誤りがある場合に，その受給者が，右確定申告の手続において，支払者が誤って徴収した金額を算出所得税額から控除し又は右誤徴収額の全部若しくは一部の還付を受けることはできないものと解するのが相当である(*1)。けだし，所得税法上，源泉徴収による所得税（以下「源泉所得税」という。）について徴収・納付の義務を負う者は源泉徴収の対象となるべき所得の支払者とされ，原判示のとおり，その納税義務は，当該所得の受給者に係る申告所得税の納税義務とは別個のものとして成立，確定し，これと並存するものであり，そして，源泉所得税の徴収・納付に不足がある場合には，不足分について，税務署長は源泉徴収義務者たる支払者から徴収し（221条），支払者は源泉納税義務者たる受給者に対して求償すべきものとされており（222条），また，源泉所得税の徴収・納付に誤りがある場合には，支払者は国に対し当該誤納金の還付を請求することができ（国税通則法56条），他方，受給者は，何ら特別の手続を経ることを要せず直ちに支払者に対し，本来の債務の一部不履行を理由として，誤って徴収された金額の支払を直接に請求することができるのである（最高裁昭和43年（オ）第258号同45年12月24日第一小法廷判決・民集24巻13号2243頁参照)(*2)」

【ワンポイント解説】
　源泉徴収義務は，所得税法が定めた制度で，徴税の便宜を図るためのものである（本来徴税をすべきなのは国（所轄税務署長）だが，これを源泉徴収義務者に代行させるシステムである）。そこで，源泉徴収義務を負う者はあくまで源泉所得税を徴収し納付する義務を負うものであり，その税を実際に負担しているのは源泉徴収義務者から金員の支払いを受ける受給者である（典型例は，源泉徴収義務者である会社から給与の支払いを受ける従業員である）。そのため，国（所轄税務署長），源泉徴収義務者（支払者），本来の納税義務者（受給者）の三者をめぐり，さまざまな法律関係が生じる。このことを従来の最高裁判決も引用したうえで整理した**（＊2）**は，基礎的な学習をするうえ重要である。
　（＊1）では，誤って源泉徴収をされた受給者がとり得る方法（還付を求めることの適否）について判示されている。

memo

27 マンション建設承諾料事件
（大阪地裁昭和54年5月31日判決・行集30巻5号1077頁，ケースブック§211.05）

判例に登場する論点
どこで使う規範
？

①所得税法9条1項21号（非課税規定）の趣旨
②所得税法9条1項21号の「損害賠償金……」の意義
③当事者で合意した損害賠償金に対する課税

重要度ランク………Ⓐ

【規範】
「 所得税法9条1項21号，同法施行令30条が損害賠償金，見舞金，及びこれに類するものを非課税としたわけは，これらの金員が受領者の心身，財産に受けた損害を補塡する性格のものであつて，原則的には受領者である納税者に利益をもたらさないからである(*1)。

　そうすると，ここにいう損害賠償金，見舞金，及びこれに類するものとは，損害を生じさせる原因行為が不法行為の成立に必要な故意過失の要件を厳密に充すものである必要はないが，納税者に損害が現実に生じ，または生じることが確実に見込まれ，かつその補塡のために支払われるものに限られると解するのが相当である(*2)。

　そうすると，当事者間で損害賠償のためと明確に合意されて支払われた場合であつても，損害が客観的になければその支払金は非課税にならないし，また，損害が客観的にあつても非課税になる支払金の範囲は当事者が合意して支払つた金額の全額ではなく，客観的に発生し，または発生が見込まれる損害の限度に限られるとしなければならない(*3)。

　原告は，授受のあつた金額の全額が非課税になると主張しているが，この主張は，本来法律によつて一義的に定められなければならない非課税の範囲を，支払者と受領者の合意によつて変更することを認めるものであつて到底採用することはできない。」

【ワンポイント解説】
　所得税法9条1項21号が「損害賠償金」等を非課税にしていることからすると，当事者間で損害賠償金という名目で合意をしさえすれば，あらゆる金員の支払いに対して所得課税されなくなる可能性がある。しかしこうしたことが可能になってしまうと，本来法律によって一義的に定めなければならない非課税の範囲を支払者と受領者の合意で自由に定められることになってしまい妥当でない。
　そこで，本判決では，所得税法9条1項21号の趣旨を明確にしたうえで（＊1），「損害賠償金」の意義について，損害が生じることが確実に見込まれ，かつそのてん補のために支払われた場合に限ることが示された（＊2）。したがって，当事者で損害賠償金として合意したものすべてが非課税になるのではないことが（＊3）で判示されている。
　本判決では，原告が支払いを受けた310万円のうち，実際の損害額は30万円を超えないとして，310万円から30万円控除し，かつ特別控除（当時は40万円。ただし，現行法では所得税法34条3項により50万円）を差し引いた残額の240万円が課税される一時所得の金額になると判示された。あてはめもできるように学習をすることが重要である。

memo

28 歯科医院親子共同経営事件
（東京高裁平成3年6月6日判決・訟務月報38巻5号878頁, ケースブック§ 213.02）

判例に登場する論点
どこで使う規範？

①親子で営む場合の事業からの所得
②父の単独経営に子が加わった場合の経営主体

重要度ランク………A

【規範】
「……親子が相互に協力して一個の事業を営んでいる場合における所得の帰属者が誰であるかは，その収入が何人の勤労によるものであるかではなく，何人の収入に帰したかで判断されるべき問題であって，ある事業による収入は，その経営主体であるものに帰したものと解すべきであり（最高裁昭和37・3・16第二小法廷判決，裁判集民事59号393頁参照）(＊1)，従来父親が単独で経営していた事業に新たにその子が加わった場合においては，特段の事情のない限り，父親が経営主体で子は単なる従業員としてその支配のもとに入ったものと解するのが相当である(＊2)。……」

【ワンポイント解説】

本判決では，親子が相互に協力して1個の事業を営んでいる場合の所得の帰属者についての判断基準が，(＊1)で判示されている。本判決で引用されている最高裁昭和37年3月16日判決（税務訴訟資料36号220頁）では，「収入が何人の所得に属するかは，何人の勤労によるかではなく，何人の収入に帰したかで判断される問題である。原判決の認定するところによれば，上告人の長男Aが上告人方の農業の経営主体で同人の業として農業が営まれていることは認められず，上告人が経営主体であったと推認できるというのであるから，本件農業による収入は上告人に帰したものとすべきである。かく解したといって，上告人の長男が所論のように奴隷的存在になるというわけではなく，上告人が長男に賃金を支払ったと仮定しても，所得税法11条の2（現行所得税法56条）により上告人の所得とは関係がない。」と判示されている。

(＊2)では，父親の単独経営に新たにその子が加わった場合についての考え方が判示されている。

memo

29 冒用登記事件
（最高裁昭和48年4月26日判決・民集27巻3号629頁，ケースブック§213.05）

判例に登場する論点　どこで使う規範？
①課税処分に対する不服申立て（争う方法）
②課税処分が無効になる場合

重要度ランク………**B**

【規範】
「　……課税処分が法定の処分要件を欠く場合には，まず行政上の不服申立てをし，これが容れなかつたときにはじめて当該処分の取消しを訴求すべきものとされているのであり，このような行政上または司法上の救済手続のいずれにおいても，その不服申立てについては法定期間の遵守が要求され，その所定期間を徒過した後においては，もはや当該処分の内容上の過誤を理由としてその効力を争うことはできないものとされている(*1)。

　課税処分に対する不服申立てについての右の原則は，もとより，比較的短期間に大量的になされるところの課税処分を可及的速やかに確定させることにより，徴税行政の安定とその円滑な運営を確保しようとする要請によるものであるが，この一般的な原則は，いわば通常予測されうるような事態を制度上予定したものであつて，法は，以上のような原則に対して，課税処分についても，行政上の不服申立手続の経由や出訴期間の遵守を要求しないで，当該処分の効力を争うことのできる例外的な場合の存することを否定しているものとは考えられない。すなわち，課税処分についても，当然にこれを無効とすべき場合がありうるのであつて，このような処分については，これに基づく滞納処分のなされる虞れのある場合等において，その無効確認を求める訴訟によってこれを争う途も開かれているのである（行政事件訴訟法36条）(*2-1)。

　もつとも，課税処分につき当然無効の場合を認めるとしても，このような処分については，前記のように，出訴期間の制限を受けることなく，何時までも争うことができることとなるわけであるから，更正についての期間の制限等を考慮すれば，かかる例外の場合を肯定するについて慎重でなければならないことは当然であるが，一般に，課税処分が課税庁と被課税者との間にのみ存するもので，処分の存在を信頼する第三者の保護を考慮する必要のないこと等を勘案すれば，当該処分における内容上の過誤が課税要件の根幹についてのそれであつて，徴税行政の安定とその円滑な運営の要請を斟酌してもなお，不服申

立期間の徒過による不可争的効果の発生を理由として被課税者に右処分による不利益を甘受させることが，著しく不当と認められるような例外的な事情のある場合には，前記の過誤による瑕疵は，当該処分を当然無効ならしめるものと解するのが相当である(＊2-2)。」

【ワンポイント解説】

　課税処分の効力を争うためには，原則として不服申立て（異議申立て，審査請求）の手続を経たうえで（行政上の不服申立て），それでも請求が認容されない場合にはじめて，当該課税処分の取消しを求める訴えを提起することができる(＊1)。いわゆる不服申立前置主義である。これらの手続を経たといえるためには，それぞれにつき所定の期間を遵守する必要がある。

　本判決では，例外的に所定の期間を過ぎた場合でも，課税処分の効力を争うことができる場合があることが判示されている。具体的には無効確認の訴えという方法があること(＊2-1)，「著しく不当と認められるような例外的な事情がある場合」に課税処分が無効になり得ることが判示されている(＊2-2)。

　学習上は，あくまで原則を正確に理解したうえで（学習で重要なのは何よりも原則論である），その次に，例外を押さえることが重要である。

memo

30 共同相続立木譲渡事件
(最高裁昭和39年10月22日判決・民集18巻8号1762頁, ケースブック §213.05)

判例に登場する論点 どこで使う規範？
①申告納税制度の意義
②申告納税制度の趣旨
③申告の錯誤

重要度ランク……… A

【規範】

「……所得税法は、いわゆる申告納税制度を採用し（23条, 26条参照），且つ、納税義務者が確定申告書を提出した後において、申告書に記載した所得税額が適正に計算したときの所得税額に比し過少であることを知つた場合には，更正の通知があるまで，当初の申告書に記載した内容を修正する旨の申告書を提出することができ（27条1項参照）。また確定申告書に記載した所得税額が適正に計算したときの所得税額に比し過大であることを知つた場合には，確定申告書の提出期限後一ケ月間を限り，当初の申告書に記載した内容を更正の請求をすることができる（同条6項参照）、と規定している(*1)。ところで、そもそも所得税法が右のごとく，申告納税制度を採用し，確定申告書記載事項の過誤の是正につき特別の規定を設けた所以は，所得税の課税標準等の決定については最もその間の事情に通じている納税義務者自身の申告に基づくものとし，その過誤の是正は法律が特に認めた場合に限る建前とすることが，租税債務を可及的速かに確定せしむべき国家財政上の要請に応ずるものであり，納税義務者に対しても過当な不利益を強いる虞れがないと認めたからにほかならない(*2)。従つて，確定申告書の記載内容の過誤の是正については，その錯誤が客観的に明白且つ重大であつて，前記所得税法の定めた方法以外にその是正を許さないならば，納税義務者の利益を著しく害すると認められる特段の事情がある場合でなければ，所論のように法定の方法によらないで記載内容の錯誤を主張することは，許されないものといわなければならない(*3)。」

【ワンポイント解説】
　所得税法が採用している申告納税制度の意義について（＊１）で，同制度の趣旨について（＊２）で解説がされている。申告納税制度という基本事項が条文をたんねんに引用しながら説明されている。基本的な制度についての正確な理解が必要な箇所である（特に，確定申告後に，申告した税額の過誤が発覚した場合の処理について，（1）過少申告の場合には修正申告の方法があり，（2）過大申告の場合には所定期限内であれば更正の請求ができることは，実務上も極めて重要な基本事項である）。
　こうした制度を前提に考えると，すでに行った税務申告に錯誤があった場合でも，「客観的に明白かつ重大であ」るなどの「特段の事情」がない限り，更正の請求によらずに，錯誤無効を主張することは許されないことが（＊３）で判示されている。

memo

第2編　所得税　Ⅱ　所得分類

31 協和興業事件
（東京高裁昭和39年12月9日判決・行集15巻12号2307頁，ケースブック §221.01）

判例に登場する論点
どこで使う規範
？

①利子所得の意義

重要度ランク………B

【規範】
「……本件利子が所得税法に所謂預金の利子に該当するか否かについて判断する。思うに，預金は，銀行その他の金融機関に対する預金にみられるように，通常，銀行等の金融機関が不特定多数の相手方，即ち預金者に対し同額の金銭の返還を約して預金者から預託を受けた金銭であつて，受入れた金銭自体をそのまま保管するのではなく，これを消費し，その返還に当つては同額の金銭を以てすればよいのであるから，民法第666条の消費寄託の性質を有するものというべく，所得税法第9条第1項第1号〔注：現行所得税法23条1項〕に所謂預金も右同様消費寄託の性質を有する金銭と解するのが相当である(＊1)。……」

【ワンポイント解説】
　所得税法23条1項は「公社債及び預貯金の利子……」などが利子所得に該当することを定めている。ここにいう「預貯金の利子」の意義について判示されたのが本判決である（＊1）。
　民法の消費寄託の性質を有するものという判断は，いわゆる借用概念の統一説に依拠したものと考えられる。借用概念については，最高裁昭和36年10月27日判決【15】などでも解説したところだが，原則として，本来の法分野（民法・商法・会社法など）と同じ意味に解釈すべきと解されている（統一説）。判例上，こうした統一説の見解に基づき判示されたと評価されている事件は多い。詳細は，金子宏『租税法（第16版）』111頁以下に掲載されている。本書に掲載されている「利益配当」（最高裁昭和35年10月7日判決【14】），「匿名組合」（最高裁昭和36年10月27日判決【15】），「貸付金の利子」（東京地裁平成19年4月17日判決【16】），「配偶者」（最高裁平成9年9月9日判決【61】），「人格なき社団」（福岡高裁平成2年7月18日判決【64】）などのほかにも，「不動産」「法人」「外国法人」「法人の解散」「住所」などざまざまな概念について判例があるのであわせてチェックをされたい（「住所」については，いわゆる武富士事件〔最高裁平成23年2月18日判決・判例タイムズ1345号115頁〕を参照）。

memo

32 鈴や金融株式会社事件
（最高裁昭和35年10月7日判決・民集14巻12号2420頁，ケースブック §221.03）

①配当所得の意義・判断基準
②利益配当の意義

重要度ランク………A

【規範】

「おもうに，商法は，取引社会における利益配当の観念（すなわち，損益計算上の利益を株金額の出資に対し株主に支払う金額）を前提として，この配当が適正に行われるよう各種の法的規制を施しているものと解すべきである（たとえば，いわゆる蛸配当の禁止《商法290条》，株主平等の原則に反する配当の禁止《同法293条》等）。そして，所得税法中には，利益配当の概念として，とくに，商法の前提とする，取引社会における利益配当の観念と異なる観念を採用しているものと認むべき規定はないので，所得税法もまた，利益配当の概念として，商法の前提とする利益配当の観念と同一観念を採用しているものと解するのが相当である(*1)。従つて，所得税法上の利益配当とは，必ずしも，商法の規定に従つて適法になされたものにかぎらず，商法が規制の対象とし，商法の見地からは不適法とされる配当（たとえば蛸配当，株主平等の原則に反する配当等）の如きも，所得税法上の利益配当のうちに含まれるものと解すべきことは所論のとおりである(*2)。……」

【ワンポイント解説】
　本判決では，（＊１）で，現行所得税法24条１項が定める配当所得に該当するための判断基準が判示されている。旧商法における「利益配当」（現行会社法にいう「剰余金の配当」）の意義について，旧商法にいう「利益配当」と同義に解すべきことが判示されている。
　また，以上の観点から，（＊２）で，所得税法上の利益配当の意義が判示されている。なお，本判決は，【14】と同事件である。

memo

33 榎本家事件
（最高裁昭和43年10月31日判決・訟務月報14巻12号1442頁, ケースブック §222.01）

①譲渡所得の趣旨（清算課税説）
②譲渡所得の趣旨（対価を伴う場合と対価を伴わない場合）

重要度ランク………**A**

【規範】

「……譲渡所得に対する課税は，原判決引用の第一審判決の説示するように，資産の値上りによりその資産の所得者に帰属する増加益を所得として，その資産が所有者の支配を離れて他に移転するのを機会に，これを清算して課税する趣旨のものと解すべきであり**(＊1)**，売買交換等によりその資産の移転が対価の受入を伴うときは，右増加益は対価のうちに具体化されるので，これを課税の対象としてとらえたのが旧所得税法（昭和22年法律第27号，以下同じ。）9条1項8号〔注：現行所得税法33条1項〕の規定である**(＊2-1)**。

そして対価を伴わない資産の移転においても，その資産につきすでに生じている増加益は，その移転当時の右資産の時価に照して具体的に把握できるものであるから，同じくこの移転の時期において右増加益を課税の対象とするのを相当と認め，資産の贈与，遺贈のあつた場合においても，右資産の増加益は実現されたものとみて，これを前記譲渡所得と同様に取り扱うべきものとしたのが同法5条の2〔注：現行所得税法59条1項に相当〕の規定なのである**(＊2-2)**。されば，右規定は決して所得のないところに課税所得の存在を擬制したものではなく，またいわゆる応能負担の原則を無視したものともいいがたい。……」

【ワンポイント解説】

　本判決では，所得税法が定める譲渡所得（現行所得税法では33条）の趣旨が判示されている。いわゆる増加益清算課税説（以下「清算課税説」という）に立つことが**（＊1）**で判示されている。値上がりによる増加益というのは，いわゆるキャピタル・ゲイン（含み益）である。金子宏先生の『租税法（第16版）』には，譲渡所得「の本質は，キャピタル・ゲイン（capital gains），すなわち所有資産の価値の増加益であって，譲渡所得に対する課税は，資産が譲渡によって所有者の手を離れるのを機会に，その所有期間中の増加益を清算して課税しようとするものである」と解説されている。包括的所得概念からすれば，所有資産の毎年の値上がり益も所得に含まれるはずだが，所得税法はこれを毎年の所得として課税するのではなく，資産が所有者の支配を離れて移転する機会に，所有期間中に累積された値上がり益を清算する趣旨で課税をする建前をとっている（谷口勢津夫『税法基本講義（第2版）』254頁参照）。

　（＊2－1）で対価を伴う場合（有償譲渡。現行所得税法33条1項），**（＊2－2）**で対価を伴わない場合（無償譲渡。現行所得税法59条1項に相当）のそれぞれについて，譲渡所得としての課税が行われることの趣旨が，具体的に判示されている。

memo

34 名古屋医師財産分与事件
（最高裁昭和50年5月27日判決・民集29巻5号641頁，ケースブック §222.02）

判例に登場する論点 どこで使う規範？
①譲渡所得の趣旨（清算課税説）
②所得税法33条1項の「資産の譲渡」の意義
③所得税法59条1項（みなし譲渡）の趣旨
④財産分与と譲渡所得

重要度ランク………Ⓐ

【規範】

「譲渡所得に対する課税は，資産の値上りによりその資産の所有者に帰属する増加益を所得として，その資産が所有者の支配を離れて他に移転するのを機会に，これを清算して課税する趣旨のものであるから(*1)，その課税所得たる譲渡所得の発生には，必ずしも当該資産の譲渡が有償であることを要しない（最高裁昭和41年（行ツ）第102号同47年12月26日第三小法廷判決・民集26巻10号2083頁参照）。したがつて，所得税法33条1項にいう「資産の譲渡」とは，有償無償を問わず資産を移転させるいつさいの行為をいうものと解すべきである(*2)。そして，同法59条1項（昭和48年法律第8号による改正前のもの）が譲渡所得の総収入金額の計算に関する特例規定であつて，所得のないところに課税譲渡所得の存在を擬制したものでないことは，その規定の位置及び文言に照らし，明らかである(*3)。

ところで，夫婦が離婚したときは，その一方は，他方に対し，財産分与を請求することができる（民法768条，771条）。この財産分与の権利義務の内容は，当事者の協議，家庭裁判所の調停若しくは審判又は地方裁判所の判決をまつて具体的に確定されるが，右権利義務そのものは，離婚の成立によつて発生し，実体的権利義務として存在するに至り，右当事者の協議等は，単にその内容を具体的に確定するものであるにすぎない。そして，財産分与に関し右当事者の協議等が行われてその内容が具体的に確定され，これに従い金銭の支払い，不動産の譲渡等の分与が完了すれば，右財産分与の義務は消滅するが，この分与義務の消滅は，それ自体一つの経済的利益ということができる。したがつて，財産分与として不動産等の資産を譲渡した場合，分与者は，これによつて，分与義務の消滅という経済的利益を享受したものというべきである。

してみると，本件不動産の譲渡のうち財産分与に係るものが上告人に譲渡所得を生ずるものとして課税の対象となるとした原審の判断は，その結論において正当として是認することができる(*4)。……」

【ワンポイント解説】
　(＊1) で，譲渡所得の趣旨について清算課税説が判示され，(＊2) で「資産の譲渡」は有償無償を問わないことが判示されている。(＊3) では，所得税法59条1項（みなし譲渡）の規定の意義および趣旨が判示されている。いずれも譲渡所得を理解するうえで重要かつ基本的な事項である。
　(＊4) では，以上をふまえて，離婚に伴う財産分与を行った分与者に当該不動産等を譲渡したとして譲渡所得課税の対象になることが判示されている。理由も詳細に書かれているので読み込まれたい。

memo

35 川之江市井地山造成地事件
（松山地裁平成3年4月18日判決・訟務月報37巻12号2205頁，ケースブック§222.03）

判例に登場する論点 どこで使う規範？
①譲渡所得の趣旨（清算課税説）
②たな卸資産の譲渡等が事業所得とされる趣旨（所得税法33条2項1号）
③事業所得の意義
④譲渡所得と事業所得（雑所得）との区別（二重利得法）

重要度ランク………A

【規範】

「土地等の資産の譲渡による所得が譲渡所得として課税の対象にされているのは（所得税法33条1項），資産の値上がりによりその資産の所有者に帰属する増加益を所得として，その資産の所有者が支配を離れて他に移転するのを機会に，これを清算して課税する趣旨のものである（最高裁判所昭和47年（行ツ）第4号昭和50年5月27日第三小法廷判決・民集29巻5号641頁以下）(＊1)。ところが，たな卸資産（事業所得を生ずべき事業に係る商品，製品，半製品，仕掛品，主要原材料等である。同法2条1項16号，同法施行令3条）の譲渡その他営利を目的として継続的に行われる資産の譲渡による所得は，譲渡所得に含まれないものとされている（同法33条2項1号）。これは，譲渡所得が概して臨時的，偶発的に発生する所得であるのに対し，たな卸資産の譲渡等により発生する所得は，経常的，計画的に発生するものであるから，譲渡所得に比較して担税力に優るので，税負担の衡平を図るため，譲渡所得とは区別して，同法27条1項に定める事業所得として課税する趣旨であると考えられる（東京高等裁判所昭和47年（行コ）第33号昭和48年5月31日判決・行裁集24巻4・5号456頁以下）(＊2)。そして，農業，林業，狩猟業，漁業，水産養殖業，鉱業，建設業，製造業，卸売業，小売業，金融業，保険業，不動産業，運輸通信業，医療保健業，著述業その他のサービス業並びにそれ以外の対価を得て継続的に行う事業から生ずる所得は事業所得と定められており（同法27条1項，同法施行令63条），右対価を得て継続的に行う事業とは，自己の計算と危険において独立して営まれ，営利性，有償性を有し，かつ反復継続して遂行する意思と社会的地位とが客観的に認められる業務をいう（最高裁判所昭和52年（行ツ）第12号昭和56年4月24日第二小法廷判決・民集35巻3号672頁以下）(＊3)。

ところで，土地等の譲渡がたな卸資産又はこれに準ずる資産の譲渡に該当する場合であっても，極めて長期間引き続いて販売目的以外の目的で所有していた土地等について，販売することを目的として宅地造成等の加工を加えた場合

には，その土地等の譲渡による所得には，右加工を加える前に潜在的に生じていた資産の価値の増加益に相当するものが相当部分含まれていると考えられる。そこで，そのような場合には，右加工に着手する時点までの資産の価値の部分に相当する所得を譲渡所得とし，その他の部分を事業所得又は雑所得とするのが相当である(＊4)。……」

【ワンポイント解説】

 (＊1)で，譲渡所得の趣旨（清算課税説）が判示されている（最高裁昭和43年10月31日判決【33】，最高裁昭和50年5月27日判決【34】と同旨）。(＊2)では，所得税法33条2項1号がたな卸資産等の譲渡を譲渡所得から除外した趣旨が判示され，(＊3)で事業所得の意義が判示されている。(＊3)は，後述の最高裁昭和56年4月24日判決【42】でも登場する重要な判示である。(＊1)から(＊3)はいずれも基本部分であり，繰り返し読み込むことで記憶に定着させることが肝要である。

 本判決のポイントは，いわゆる「二重利得法」の見地から，1つの所得区分ではなく，部分ごとに所得区分を分けた点(＊4)にある。なお，雑所得は，所得法が定める10種類の所得区分（所得分類）のバスケット条項として存在する所得区分である（他の9つの所得区分のいずれにも該当しない場合の所得である（所得税法35条））。

memo

36 ゴルフ会員権贈与事件

（最高裁平成17年2月1日判決・訟務月報52巻3号1034頁，
ケースブック§222.05）

判例に登場する論点
どこで使う規範？

①譲渡所得の趣旨
②取得費の意義（範囲）
③所得税法60条1項（取得費の引継ぎ）の趣旨
④資産の保有期間の通算
⑤ゴルフ会員権の名義書換料

重要度ランク………Ａ

【規範】

「……譲渡所得の金額について，法は，総収入金額から資産の取得費及び譲渡に要した費用を控除するものとし（33条3項），上記の資産の取得費は，別段の定めがあるものを除き，その資産の取得に要した金額並びに設備費及び改良費の額の合計額としている（38条1項）。この譲渡所得に対する課税は，資産の値上がりによりその資産の所有者に帰属する増加益を所得として，その資産が所有者の支配を離れて他に移転するのを機会にこれを清算して課税する趣旨のものである（最高裁昭和41年（行ツ）第102号同47年12月26日第三小法廷判決・民集26巻10号2083頁，最高裁昭和47年（行ツ）第4号同50年5月27日第三小法廷判決・民集29巻5号641頁参照）（＊1）。そして，上記「資産の取得に要した金額」には，当該資産の客観的価格を構成すべき取得代金の額のほか，当該資産を取得するための付随費用の額も含まれると解される（最高裁昭和61年（行ツ）第115号平成4年7月14日第三小法廷判決・民集46巻5号492頁参照）（＊2）。

他方，法60条1項は，居住者が同項1号所定の贈与，相続（限定承認に係るものを除く。）又は遺贈（包括遺贈のうち限定承認に係るものを除く。）により取得した資産を譲渡した場合における譲渡所得の金額の計算について，その者が引き続き当該資産を所有していたものとみなす旨を定めている。上記の譲渡所得課税の趣旨からすれば，贈与，相続又は遺贈であっても，当該資産についてその時における価額に相当する金額により譲渡があったものとみなして譲渡所得課税がされるべきところ（法59条1項参照），法60条1項1号所定の贈与等にあっては，その時点では資産の増加益が具体的に顕在化しないため，その時点における譲渡所得課税について納税者の納得を得難いことから，これを留保し，その後受贈者等が資産を譲渡することによってその増加益が具体的に顕在化した時点において，これを清算して課税することとしたものである（＊3）。同項の規定により，受贈者の譲渡所得の金額の計算においては，贈与者が当該資産を取得するのに要した費用が引き継がれ，課税を繰り延べられた贈与者の資産の保有

期間に係る増加益も含めて受贈者に課税されるとともに，贈与者の資産の取得の時期も引き継がれる結果，資産の保有期間（法33条3項1号，2号参照）については，贈与者と受贈者の保有期間が通算されることとなる(＊4)。

このように，法60条1項の規定の本旨は，増加益に対する課税の繰延べにあるから，この規定は，受贈者の譲渡所得の金額の計算において，受贈者の資産の保有期間に係る増加益に贈与者の資産の保有期間に係る増加益を合わせたものを超えて所得として把握することを予定していないというべきである。そして，受贈者が贈与者から資産を取得するための付随費用の額は，受贈者の資産の保有期間に係る増加益の計算において，「資産の取得に要した金額」（法38条1項）として収入金額から控除されるべき性質のものである(＊5)。……」

【ワンポイント解説】

（＊1）で，譲渡所得の趣旨（清算課税説）が判示されている（最高裁昭和43年10月31日判決【33】，最高裁昭和50年5月27日判決【34】，松山地裁平成3年4月18日判決【35】と同旨）。（＊2）で，譲渡所得の計算上控除できる「資産の取得に要した金額」（取得費。所得税法38条1項，33条3項）の意義が判示されている。

（＊3）では，贈与，相続等の場合に取得費を引き継ぐ特例が定められた趣旨が判示され，（＊4）では，その結果生じる資産の保有期間の通算について説明がされている。（＊5）では，受贈者が贈与者から資産を取得するための付随費用（本判決で問題になったのは，ゴルフ会員券の名義書換料）が，上記「取得に要した金額」として譲渡所得の計算上控除されることが判示されている。

memo

37 支払利子付随費用判決
（最高裁平成4年7月14日判決・民集46巻5号492頁，ケースブック§222.06）

判例に登場する論点　どこで使う規範？
①譲渡所得の趣旨（清算課税説）
②取得費の意義（範囲）
③居住用不動産を取得するための借入金

重要度ランク………**A**

【規範】

「　譲渡所得の金額について，所得税法は，総収入金額から資産の取得費及び譲渡に要した費用を控除するものとし（33条3項），右の資産の取得費は，別段の定めがあるものを除き，当該資産の取得に要した金額並びに設備費及び改良費の額の合計額としている（38条1項）。右にいう「資産の取得に要した金額」の意義について考えると，譲渡所得に対する課税は，資産の値上りによりその資産の所有者に帰属する増加益を所得として，その資産が所有者の支配を離れて他に移転するのを機会にこれを清算して課税する趣旨のものであるところ（最高裁昭和41年（行ツ）第102号同47年12月26日第三小法廷判決・民集26巻10号2083頁，同昭和47年（行ツ）第4号同50年5月27日第三小法廷判決・民集29巻5号641頁参照）**(＊1)**，前記のとおり，同法33条3項が総収入金額から控除し得るものとして，当該資産の客観的価格を構成すべき金額のみに限定せず，取得費と並んで譲渡に要した費用をも掲げていることに徴すると，右にいう「資産の取得に要した金額」には，当該資産の客観的価格を構成すべき取得代金の額のほか，登録免許税，仲介手数料等当該資産を取得するための付随費用の額も含まれるが，他方，当該資産の維持管理に要する費用等居住者の日常的な生活費ないし家事費に属するものはこれに含まれないと解するのが相当である**(＊2)**。

　　ところで，個人がその居住の用に供するために不動産を取得するに際しては，代金の全部又は一部の借入れを必要とする場合があり，その場合には借入金の利子の支払が必要となるところ，一般に，右の借入金の利子は，当該不動産の客観的価格を構成する金額に該当せず，また，当該不動産を取得するための付随費用に当たるということもできないのであって，むしろ，個人が他の種々の家事上の必要から資金を借り入れる場合の当該借入金の利子と同様，当該個人の日常的な生活費ないし家事費にすぎないものというべきである。そうすると，右の借入金の利子は，原則として，居住の用に供される不動産の譲渡による譲渡所得の金額の計算上，所得税法38条1項にいう「資産の取得に要した金額」に

該当しないものというほかはない (*3-1)。しかしながら，右借入れの後，個人が当該不動産をその居住の用に供するに至るまでにはある程度の期間を要するのが通常であり，したがって，当該個人は右期間中当該不動産を使用することなく利子の支払を余儀なくされるものであることを勘案すれば，右の借入金の利子のうち，居住のため当該不動産の使用を開始するまでの期間に対応するものは，当該不動産をその取得に係る用途に供する上で必要な準備費用ということができ，当該個人の単なる日常的な生活費ないし家事費として譲渡所得の金額の計算のらち外のものとするのは相当でなく，当該不動産を取得するための付随費用に当たるものとして，右にいう「資産の取得に要した金額」に含まれると解するのが相当である (*3-2)。」

【ワンポイント解説】
　譲渡所得の判決で繰り返し登場しているが，本判決でも (*1) で譲渡所得の趣旨（清算課税説）が判示されている（最高裁昭和43年10月31日判決【33】，最高裁昭和50年5月27日判決【34】，松山地裁平成3年4月18日判決【35】，最高裁平成17年2月1日判決【36】と同旨）。
　(*2) で譲渡所得の計算上控除できる「資産の取得に要した金額」（取得費。所得税法38条1項, 33条3項）の範囲が示されている（最高裁平成17年2月1日判決【36】参照）。そのうえで居住用の用に供される不動産を取得するための借入金の利子については，原則として「資産の取得に要した金額」に該当しないこと (*3-1)，使用を開始するまでの期間に対応する利子については取得に必要な準備費用として「資産の取得に要した金額」に該当すること (*3-2) が明らかにされている。

memo

38 土地改良区決済金事件
(最高裁平成18年4月20日判決・訟務月報53巻9号2692頁、ケースブック §222.06)

①譲渡所得の趣旨（清算課税説）
②譲渡費用の判断基準

重要度ランク………A

【規範】

「　譲渡所得に対する課税は，資産の値上がりによりその資産の所有者に帰属する増加益を所得として，その資産が所有者の支配を離れて他に移転するのを機会に，これを清算して課税する趣旨のものである（最高裁昭和41年（行ツ）第102号同47年12月26日第三小法廷判決・民集26巻10号2083頁，最高裁昭和47年（行ツ）第4号同50年5月27日第三小法廷判決・民集29巻5号641頁参照）(＊1)。しかしながら，所得税法上，抽象的に発生している資産の増加益そのものが課税の対象となっているわけではなく，原則として，資産の譲渡により実現した所得が課税の対象となっているものである。そうであるとすれば，資産の譲渡に当たって支出された費用が所得税法33条3項にいう譲渡費用に当たるかどうかは，一般的，抽象的に当該資産を譲渡するために当該費用が必要であるかどうかによって判断するのではなく，現実に行われた資産の譲渡を前提として，客観的に見てその譲渡を実現するために当該費用が必要であったかどうかによって判断すべきものである(＊2)。」

【ワンポイント解説】

　本判決でも（＊１）で譲渡所得の趣旨（清算課税説）が判示されている（最高裁昭和43年10月31日判決【33】，最高裁昭和50年５月27日判決【34】，松山地裁平成３年４月18日判決【35】，最高裁平成17年２月１日判決【36】，最高裁平成４年７月14日判決【37】と同旨）。繰り返し登場する最高裁判決であるが，それだけ重要な部分であるので，学習上は繰り返しチェックしたい。

　（＊２）では，資産の譲渡にあたって支出された費用が所得税法33条３項にいう「資産の譲渡に要した費用」（譲渡費用）にあたるか否かを判定するための基準が判示されている。譲渡費用にあたれば，当該金額を譲渡所得の金額から控除できるため，その範囲を「客観的に見てその譲渡を実現するために当該費用が必要であったかどうかによって判断すべき」とすることで絞りをかけている。なお，「資産の譲渡に要した費用」（譲渡費用）は，資産の譲渡のため直接に必要な経費をいうと解されている（金子宏『租税法（第16版）』229頁）。具体的には登記費用，登録費用，仲介手数料，運搬費などである（谷口勢津夫『税法基本講義（第２版）』264頁）。

memo

39 分与土地一体譲渡事件
（東京地裁平成3年2月28日判決・行集42巻2号341頁，ケースブック§222.07）

①譲渡所得における取得費の判断基準

重要度ランク………B

【規範】
「……そもそも，ある時点における土地等の資産の客観的な価額というものは，鑑定等によって常に一義的に特定されるという性質をもつものではなく，ある程度の幅をもった範囲内の価額として観念されるべきものであることはいうまでもないところである。したがって，<u>その評価の基準となる時点とさほど遠くない時期にその資産について現実に売買等が行われている場合には，その取引の価格がとくに異常なものであることが認められるといった特段の事情のない限り，その売買価額をもってその価額とすることも十分に合理的な根拠を持つものと考えられる</u>(*1)。」

【ワンポイント解説】

「資産の取得に要した金額」（取得費。所得税法38条1項，33条3項の認定においては，現実に売買等が行われている限りは，特段の事情がない限り，その取引の売買価額とすることが（＊1）で判示されている（逆にいうと，「特段の事情」が立証された場合には，売買価額ではない価額を採用することもできることになる）。本判決では，売買契約からさほど遠くないとき（1～3か月後）に締結された売買契約の売買代金が，銀行の融資のための審査を経て決定されたことや，鑑定結果の対比などから異常に高額とはいえない（「特段の事情」はない）という認定がなされている。

取得費はこれにあたるか否かによって譲渡所得の金額の計算上控除できる額が変動するため（取得費にあたれば譲渡所得の金額の計算上控除ができ，課税額が減る），裁判例で争われたものが多い（金子宏『租税法（第16版）』227～229頁参照，谷口勢津夫『税法基本講義（第2版）』263～264頁参照）。本書でも複数の事件で論点となっている。具体例を理解することも重要だが，まずは条文の基本構造を押さえたい。「取得費」とは，「譲渡所得の金額」の計算上「当該所得の総収入金額」から控除できる「当該所得の基因となった資産の取得費」（所得税法33条3項）のことである。その定義は所得税法38条3項にあり，「資産の取得費は，別段の定めがあるものを除き，その資産の取得に要した金額並びに設備費及び改良費の額の合計額」とされている。この条文から「資産の取得に要した金額」の意義がさらに問題となることになる。

memo

40 土地代償分割事件
（最高裁平成6年9月13日判決・判例時報1513号97頁，ケースブック§222.07）

①遺産分割（代償分割）と譲渡所得
②代償分割で取得した相続人の取得費

重要度ランク………B+

【規範】

「 相続財産は，共同相続人間で遺産分割協議がされるまでの間は全相続人の共有に属するが，いったん遺産分割協議がされると遺産分割の効果は相続開始の時にさかのぼりその時点で遺産を取得したことになる。したがって，相続人の一人が遺産分割協議に従い他の相続人に対し代償としての金銭を交付して遺産全部を自己の所有にした場合は，結局，同人が右遺産を相続開始の時に単独相続したことになるのであり，共有の遺産につき他の相続人である共有者からその共有持分の譲渡を受けてこれを取得したことになるものではない。そうすると，本件不動産は，上告人が所得税法60条1項1号の「相続」によって取得した財産に該当するというべきである(＊1)。したがって，上告人がその後にこれを他に売却したときの譲渡所得の計算に当たっては，相続前から引き続き所有していたものとして取得費を考えることになるから，上告人が代償として他の相続人に交付した金銭及びその交付のため銀行から借り入れた借入金の利息相当額を右相続財産の取得費に算入することはできない(＊2)。……」

【ワンポイント解説】

　（＊１）で，相続人の１人が遺産分割協議に従い他の相続人に対し代償としての金銭を交付して遺産全部を自己の所有にした場合（いわゆる代償分割）の譲渡所得課税（60条１項１号の適用）の有無について判示されている。そのうえで，代償分割で所得した相続人（本判決における上告人）がその後に当該不動産を売却した際の取得費の範囲について判示されている（＊２）。

　取得費について，谷口勢津夫先生は，資産それ自体の譲渡対価の額から取得対価の額の控除が認められれば十分だとする考え方（客観的価格差課税説）もあるが，現行所得税法は，所得税法は，純所得を計算するうえで控除される理論的な意味での必要経費（投下資本の回収部分）の性質をもつ支出として構成されている（純所得課税説）と解説されている（谷口勢津夫『税法基本講義（第２版）』262～263頁。もっとも，資産の取得と譲渡に関してのみそれぞれに個別に対応する費用の控除を認め，所有期間に対応する費用（設備費・改良費に該当しないもの）の控除を（少なくとも明文では）認めていないことから，厳密には「限定された純所得課税」であり「譲渡益課税説」と呼ぶべきと述べられている（同263頁））。

memo

41 浜名湖競艇場用地事件
（東京高裁昭和62年9月9日判決・行集38巻8=9号987頁，ケースブック §222.08）

判例に登場する論点 どこで使う規範？
①譲渡所得の趣旨および意義
②課税の繰り延べがされる場合（所得税法60条1項の趣旨および意義）
③負担付贈与と所得税法60条1項

重要度ランク………A

【規範】

「 所得税法33条1項の譲渡所得課税は，資産の値上りによりその資産の所有者に帰属する増加益を所得として，その資産が所有者の支配を離れて他に移転するのを機会に，これを清算して課税する趣旨のものであるから，同条項にいう資産の譲渡は，有償譲渡に限られるものではなく，贈与その他の無償の権利移転行為を含むものと解することができる（最高裁昭和50年5月27日判決民集29巻5号641頁参照）(*1)。ところで，同法60条1項は，これについて一つの例外として，同項各号に定める場合（ただし，同法59条1項の規定と対比すれば，法人に対するものを除くことは明らかである。以下同じ。）を認めた。すなわち，同法60条1項は，同項各号に定める場合にその時期には譲渡所得課税をしないこととし，その資産の譲受人が後にこれを譲渡し，譲渡所得課税を受ける場合に，譲渡所得の金額を計算するについて，譲受人が譲渡人の取得時から引続きこれを所有していたものとみなし，譲渡人が取得した時にその取得価額で取得したものとし，いわゆる取得価額の引き継ぎによる課税時期の繰り延べをすることとした。したがつて，右の課税時期の繰り延べが認められるためには，資産の譲渡があつても，その時期に譲渡所得課税がされない場合でなければならない(*2)。ところが，負担付贈与においては，贈与者に同法36条1項に定める収入すべき金額等の経済的利益が存する場合があり，この場合には，同法59条2項に該当するかぎりは，同項に定めるところに従つて譲渡損失も認められない代りに，同法60条1項2号に該当するものとして，譲渡所得課税を受けないが（つまり，この時期において資産の増加益の清算をしないのであるが），それ以外は，一般原則に従いその経済的利益に対して譲渡所得課税がされることになるのであるから，右の課税時期の繰り延べが認められないことは明らかである。そこで，同項1号の「贈与」とは，単純贈与と贈与者に経済的利益を生じない負担付贈与をいうものといわざるを得ない(*3)。」

【ワンポイント解説】

（＊１）では，譲渡所得で繰り返し登場する譲渡所得課税の趣旨（清算課税説）と，譲渡所得課税を定めた33条１項にいう「資産の譲渡」の意義が判示されている（最高裁昭和43年10月31日判決【33】，最高裁昭和50年５月27日判決【34】，松山地裁平成３年４月18日判決【35】，最高裁平成17年２月１日判決【36】，最高裁平成４年７月14日判決【37】，最高裁平成18年４月20日判決【38】と同旨）。

（＊２）では，贈与や相続等の場合に課税が繰り延べられる（取得費が引き継がれる）ことを定めた所得税法60条１項の趣旨から，同条同項が適用される場合が判示されている。そのうえで，（＊３）で負担付贈与が所得税法60条１項の「贈与」にあたるか否か，あたるとした場合にはどのような場合かが判示されている（具体的には，負担付贈与が同条同項の「贈与」にあたるのは，贈与者に経済的利益が生じない場合に限られることが判示されている）。

memo

42 弁護士顧問料事件
（最高裁昭和56年4月24日判決・民集35巻3号672頁，ケースブック§223.03）

判例に登場する論点
どこで使う規範？

① 事業所得の意義
② 給与所得の意義
③ 事業所得と給与所得の区別（判断基準）

重要度ランク……… A

【規範】

「 およそ業務の遂行ないし労務の提供から生ずる所得が所得税法上の事業所得（同法27条1項，同法施行令63条12号）と給与所得（同法28条1項）のいずれに該当するかを判断するにあたつては，租税負担の公平を図るため，所得を事業所得，給与所得等に分類し，その種類に応じた課税を定めている所得税法の趣旨，目的に照らし，当該業務ないし労務及び所得の態様等を考察しなければならない。したがつて，弁護士の顧問料についても，これを一般的抽象的に事業所得又は給与所得のいずれかに分類すべきものではなく，その顧問業務の具体的態様に応じて，その法的性格を判断しなければならないが，その場合，判断の一応の基準として，両者を次のように区別するのが相当である。すなわち，事業所得とは，自己の計算と危険において独立して営まれ，営利性，有償性を有し，かつ反覆継続して遂行する意思と社会的地位とが客観的に認められる業務から生ずる所得をいい(＊1)，これに対し，給与所得とは雇傭契約又はこれに類する原因に基づき使用者の指揮命令に服して提供した労務の対価として使用者から受ける給付をいう(＊2)。なお，給与所得については，とりわけ，給与支給者との関係において何らかの空間的，時間的な拘束を受け，継続的ないし断続的に労務又は役務の提供があり，その対価として支給されるものであるかどうかが重視されなければならない(＊3)。」

【ワンポイント解説】

（＊１）で，事業所得の意義が示され，（＊２）で，給与所得の意義が示されている。（＊３）で，給与所得の意義と，事業所得との区別で重要なポイントとなる要素が示されている。

なお，給与所得にいう「これに類する原因」というのは，雇用契約に似た原因のことであるが，具体的には，会社役員の場合の委任（民法643条）・準委任（同656条）や公務員関係などが挙げられ，近時の判例によれば外国の親会社とその支配下にある100％子会社の代表取締役や取締役・従業員との関係もこれに含まれると解されている（最高裁平成17年１月25日判決・民集59巻１号64頁，谷口勢津夫『税法基本講義（第２版）』243頁以下）。

memo

43 りんご生産組合事件
（最高裁平成13年7月13日判決・訟務月報48巻7号1831頁，ケースブック§223.01）

①民法上の組合から組合員が支払いを受けた所得の所得区分

重要度ランク………A

【規範】
「 民法上の組合の組合員が組合の事業に従事したことにつき組合から金員の支払を受けた場合，当該支払が組合の事業から生じた利益の分配に該当するのか，所得税法28条1項の給与所得に係る給与等の支払に該当するのかは，当該支払の原因となった法律関係についての組合及び組合員の意思ないし認識，当該労務の提供や支払の具体的態様等を考察して客観的，実質的に判断すべきものであって，組合員に対する金員の支払であるからといって当該支払が当然に利益の分配に該当することになるものではない(＊1)。」

【ワンポイント解説】

本判決では，民法上の組合（任意組合）の組合員が組合から支払いを受けた金員について，所得税法28条1項の給与所得に該当する場合があること，およびその場合の判断基準が判示されている（＊1）。

民法上の任意組合に対する課税について，これを明文で定めた税法（法令）は存在しない。もっとも，課税実務上は，通達などの規定により（所得税基本通達36・37共－19および20），原則として，パス・スルー課税がなされている。パス・スルー課税というのは，組合に法人格がないため，組合に対して課税をすることはできないが，構成員である組合員に対して持分割合に応じて所得が帰属したものとして課税する方法のことである。

本判決では，民法上の組合から組合員が支払いを受けた場合の所得区分については，さまざまな要素を考慮して判断すべきことが判示されている。組合から組合員への金員の支払いというだけで利益の分配になるわけではなく，「当該支払いの原因となった法律関係についての組合及び組合員の意思ないし認識，当該労務の提供や支払の具体的態様等を考察して客観的，実質的に判断すべき」という判断基準が示されている。

memo

44 九州電力検針員事件
（福岡地裁昭和62年7月21日判決・訟務月報34巻1号187頁，ケースブック §223.01）

①事業所得と給与所得の区別（判断基準）

重要度ランク………A

【規範】
「……ところで，まず，委託検針員らの委託手数料が事業所得か給与所得かの争点についてであるが，業務の遂行ないし労務の提供から生ずる所得が所得税法上の事業所得と給与所得のいずれに該当するかの判断基準につき，同法の趣旨，目的に照らし，事業所得が自己の計算と危険において独立して営まれ，営利性，有償性を備え，且つ客観的な反覆継続の意思と社会的地位が認められる業務から生ずる所得をいい，給与所得が雇用契約ないしそれに類する原因に基づき，使用者の指揮命令に服して提供した労務の対価として使用者から受ける給付をいう，との観点から判定すべきこと(＊1)は，原被告ら双方主張のとおりである。」

【ワンポイント解説】
　九州電力が家庭や事業所等に設置した電力計のメーターを調べて使用電力を計測する検針作業について，九州電力から委託を受けて当該作業を行い手数料を得ていた検針員（委託検針員）がその手数料（報酬）の所得区分を争った事案である。

　本判決では，具体的には，委託手数料（報酬）が事業所得（所得税法27条）に該当するのか，給与所得（所得税法28条）に該当するかが争点となった。この点，本判決では，（＊1）のとおり，事業所得と給与所得のそれぞれの意義を判示され，これが判断基準として提示された。それぞれの所得区分の定義をこの判決を通じて確認されたい。

　もっとも具体的な判断となると，本判でがさまざまな要素を１つひとつ勘案しながら判断が行われているように（金子宏ほか『ケースブック租税法（第３版）』313 〜 314頁），ちみつなあてはめが必要になる。結論的には「色々な面で事実上正規の従業員に類似する部分が多々ある点を考慮にいれても，その委託手数料は給与所得とはいえず，右委託検針契約に基づく報酬，料金として，事業所得に該当する，と解せざるを得ない」と判示されており，悩ましい事案であったことがうかがえる。あてはめ能力を鍛えるにはかっこうの素材である。

memo

45 大嶋別訴第一審判決
（京都地裁昭和56年3月6日判決・行集32巻3号342頁，ケースブック§223.02）

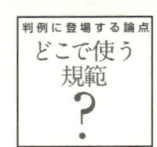

①給与所得の意義（雑所得との区別）

重要度ランク……… B+

【規範】

「同法28条1項は，「給与所得とは，俸給，給料，賃金，歳費，年金（過去の勤務に基づき使用者であつた者から支給されるものに限る。），恩給（一時恩給を除く。）及び賞与並びにこれらの性質を有する給与に係る所得をいう。」と規定し，その実質的な定義は与えていない。右俸給，給料等はいずれも例示として列挙されたものであり，右規定の主眼は「これらの性質を有する給与」にあるというべきであるが，右列挙されたものとの関連において考えると，「これらの性質を有する給与」とは，単に雇傭関係に基づき労務の対価として支給される報酬というよりは広く，雇傭またはこれに類する原因（例えば，法人の理事，取締役等にみられる委任または準委任等）に基づいて，非独立的に提供される労務の対価として，他人から受ける報酬及び実質的にこれに準ずべき給付（例えば，各種の経済的利益等）をいうと解すべきである。換言すれば，労務の提供が自己の危険と計算によらず他人の指揮監督に服してなされる場合にその対価として支給されるものが給与所得であるということができる(＊1)。したがつて，その雇傭関係等が継続的であると一時的であるとを問わず，また，その支給名目の如何を問わないし，提供される労務の内容について高度の専門性が要求され，本人にある程度の自主性が認められる場合（国会議員の歳費や普通地方公共団体の議会の議員の報酬など可成り性質の異なるものも給与所得とされている。）であつても労務がその雇傭契約等に基づき他人の指揮監督の下に提供され，その対価として得られた報酬等である限り，給与所得に該当するといわなければならない。」

【ワンポイント解説】

　本判決は，大学の非常勤講師として授業を担当して受けた手当が，給与所得に該当するか雑所得に該当するかが争われた事案である。本判決では，（＊1）で，給与所得（所得税法28条1項）の意義が明らかにされている。福岡地裁昭和62年7月21日判決【44】より詳細な定義がなされており参考になる。

　給与所得に該当するか否かをめぐっては，給与所得か事業所得かが争われた事案（最高裁昭和56年4月24日判決【42】，最高裁平成13年7月13日判決【43】，福岡地裁昭和62年7月21日判決【44】），給与所得か一時所得かが争われた事案（最高裁平成17年1月25日判決・民集59巻1号64頁，ストック・オプション事件・金子宏ほか『ケースブック租税法（第3版）』325頁以下参照），さらには本判決のように給与所得か雑所得かが争われた事案などさまざまな裁判例がある。

　所得区分をめぐり紛争がたえない理由の1つには，判断基準やあてはめの仕方によっては複数の所得区分に該当するようにみえる所得が多いこと（どれか1つの所得だと明確にいいにくいものがあること）が挙げられる。この点で，所得区分が争われた事案は，法解釈（規範定立）とあてはめの力を問うにはかっこうの問題となる（それだけ学習上，重要になってくる）。また，所得区分の争いが起きるもう1つの理由（根本的な理由）としては，どの所得になるかで税額が異なるからである。納税者にとっては課税額が少なければ少ないほどよいし，課税庁にとっては逆である。こうした当事者の利害も性格に把握したうえで（課税額の計算もあたまに入れたうえで），所得区分の争いをみると実益のある議論ができる。

memo

46 通勤定期券課税事件
（最高裁昭和37年8月10日判決・民集16巻8号1749頁，ケースブック§223.03）

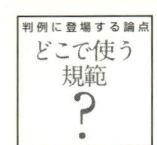

①給与所得の範囲（通勤定期券）

重要度ランク………　B+

【規範】
「しかし，所得税法9条5号〔注：現行所得税法28条1項〕は「俸給，給料，賃金……並びにこれらの性質を有する給与」をすべて給与所得の収入としており，同法10条1項は「第9条……第5号……に規定する収入金額（金銭以外の物又は権利を以て収入すべき場合においては，当該物又は権利の価額以下同じ。）により」計算すべき旨を規定しており，勤労者が勤労者たる地位にもとづいて使用者から受ける給付は，すべて右9条5号にいう給与所得を構成する収入と解すべく，通勤定期券またはその購入代金の支給をもって給与でないと解すべき根拠はない（＊1）。上告会社は，労働契約によって通勤定期券またはその購入代金を支給しているというのであるが，かかる支出が会社の計算上損金に計算されることは勿論であるが，このことによって，勤労者の給与でなくなるものではない。若し右の支給がなかつたならば，勤労者は当然に自らその費用を負担しなければならないのであつて，かかる支給のない勤労者とその支給のある勤労者との間に税負担の相違があるのは，むしろ当然であつて，通勤費の支給を給与と解し，勤労者の所得の計算をしたのは正当である。従つて上告会社が通勤費に相応する所得税を源泉徴収する義務があることも当然のことといわなければならない。……」

【ワンポイント解説】
　（＊１）で，現行所得税法28条１項が定める給与所得の意義およびその範囲が判示されている。具体的には，「勤労者が勤労者たる地位にもとづいて使用者から受ける給付」という基準を立てたうえで，通勤定期券（またはその購入代金）も，同条同項の給与所得に該当することが判示されている。いわゆるフリンジ・ベネフィットと呼ばれるものである。
　なお，現行所得税法９条１項５号では，「給与所得を有する者で通勤するもの（以下この号において「通勤者」という。）がその通勤に必要な交通機関の利用又は交通用具の使用のために支出する費用に充てるものとして通常の給与に加算して受ける通勤手当（これに類するものを含む。）のうち，一般の通勤者につき通常必要であると認められる部分として政令で定めるもの」を非課税としている（所得税法施行令20条の２参照）。

memo

47 ハワイ5泊6日旅行事件
（岡山地裁昭和54年7月18日判決・行集30巻7号1315頁，ケースブック §223.03）

①使用者が負担したレクリエーション費用に対する課税
②上記①の判断基準

重要度ランク………B

【規範】
「……今日，企業がその従業員の親睦や労働意欲の向上を目的として，慰安旅行・運動会等のレクリエーション行事を行なうことは広く一般化しているが，その参加費用の全部または一部を企業が負担，支出する場合，従業員はこれによって経済的利益を受けることとなるから，所得税法36条は，右利益の価額を収入として課税の対象とする趣旨と解される。もつとも，これらレクリエーション行事が社会通念上一般的に行われているものと認められる場合には，例外的に課税しなくて差支えないとするのが徴税事務の取扱いである（昭和45年7月1日付直審（所）30国税庁長官通達（昭和50年3月25日直所3－4改正までの改正を含む）の36－30参照）(＊1)。

右のような取扱いは，課税対象が一般に少額とみられることや，正確な捕捉の困難，徴税事務の繁雑等の理由から，是認され得るであろう。

したがつて，本件においても，本件ハワイ旅行が企業のいわゆる福利厚生事業として，社会通念上一般に行なわれているものと認められるか否かの検討を要する(＊2)。」

【ワンポイント解説】
　企業が従業員の親睦や労働意欲の向上を目的として行う慰安旅行等のレクリエーション行事に関する参加費用を負担することは，包括的所得概念からすれば，従業員にとっては所得を構成する。したがって，課税対象になるのが原則であるものの，社会通念上一般的に行われているものである場合には例外的に課税しなくてよいとする取扱いが（＊１）で判示されている。またこの取扱いを受けて，本判決も，「福利厚生事業として，社会通念上一般に行われているものと認められるか否か」を判断基準とすることが（＊２）で判示されている（この判断基準がさらに具体的に判示されているのが，後述の大阪高裁昭和63年３月31日判決【48】である）。
　企業が負担する従業員のためのレクリエーション費用も，最高裁昭和37年８月10日判決【46】の通勤定期券等と同じくフリンジ・ベネフィットと呼ばれるものである。

memo

48 香港2泊3日旅行事件
（大阪高裁昭和63年3月31日判決・訟務月報34巻10号2096頁，ケースブック§223.03）

判例に登場する論点　どこで使う規範？

①使用者が負担したレクリエーション費用に対する課税
②上記①の判断基準

重要度ランク……… Ｂ

【規範】

「……本来，使用者が役員又は使用人の参加を求めて行うレクリエーション行事につき，その費用を使用者が負担することは，レクリエーション行事に参加した使用人らにとってはその分の経済的利益を受けることになるから，右利益相当分は使用人ら個人の所得として課税されるべきであるが（所得税法36条1項），本件通達は，「使用者が役員又は使用人のレクリエーションのために社会通念上一般的に行われていると認められる行事の費用を負担することにより，右行事に参加した使用人らが受ける経済的利益については課税しなくて差支えない。」旨規定し，税務当局は右の経済的利益については非課税とする取り扱いをしている（＊1）。

……本件通達は，①使用人らは，雇用されている関係上，必ずしも希望しないままレクリエーション行事に参加せざるを得ない面があり，その経済的利益を自由に処分できるわけでもないこと，②レクリエーション行事に参加することによって使用人らが受ける経済的利益の価額は少額であるのが通常であるうえ，その評価が困難な場合も少なくないこと，③使用人らの慰安を図るため使用者が費用を負担してレクリエーション行事を行うことは一般化しており，右のレクリエーション行事が社会通念上一般的に行われていると認められるようなものであれば，あえてこれに課税するのは国民感情からしても妥当ではないこと等を考慮したものと解され，合理性を有するものといえる。

……したがって，本件旅行が本件通達にいう社会通念上一般的に行われていると認められるレクリエーション行事にあたるか否かの判断にあたっては，本件旅行の企画立案・主催者，旅行の目的・規模・行程・従業員の参加割合，第一審原告及び参加従業員の負担額，両者の負担割合等が総合的に考慮すべきであるが，右（……）①ないし③の趣旨からすれば，第一審被告〔注：所轄税務署長〕が重視すべきであると主張する，従業員の参加割合，参加従業員の費用負担額ないし第一審原告〔注：企業〕と参加従業員の負担割合よりも，参加従業員の受

ける経済的利益，すなわち本件旅行における第一審原告の負担額が重視されるべきである(＊2)。」

【ワンポイント解説】
　岡山地裁昭和54年7月18日判決【47】と類似の事件であり，判示事項も基本的には同旨である。もっとも，【47】よりも本判決のほうが詳細な記述がされている。
　具体的には，(＊1)で，従業員のために企業が負担するレクリエーション費用も，包括的所得概念からすれば原則として所得を構成すべき（給与所得に該当すべき）ところ，諸々の理由から，通達が「社会通念上一般的に行われていると認められる」ものであれば，非課税の取扱いをしていることが判示されている。そして，この判断基準について，(＊2)で，具体的な考慮要素が挙げられている。

memo

49 5年退職事件
（最高裁昭和58年9月9日判決・民集37巻7号962頁，ケースブック§223.05）

判例に登場する論点 どこで使う規範？
①退職所得の意義
②退職所得の趣旨
③退職所得の判断基準

重要度ランク………**A**

【規範】

「 所得税法（以下「法」という。）において，退職所得とは，「退職手当，一時恩給その他の退職により一時に受ける給与及びこれらの性質を有する給与」に係る所得をいうものとされている（30条1項）。そして，法は，右の退職所得につき，その金額は，その年中の退職手当等の収入金額から退職所得控除額を控除した残額の二分の一に相当する金額とする（同条2項）とともに，右退職所得控除額は，勤続年数に応じて増加することとして（同条3項），課税対象額が一般の給与所得に比較して少なくなるようにしており，また，税額の計算についても，他の所得と分離して累進税率を適用することとして（22条1項，201条），税負担の軽減を図つている(＊1)。このように，退職所得について，所得税の課税上，他の給与所得と異なる優遇措置が講ぜられているのは，一般に，退職手当等の名義で退職を原因として一時に支給される金員は，その内容において，退職者が長期間特定の事業所等において勤務してきたことに対する報償及び右期間中の就労に対する対価の一部分の累積たる性質をもつとともに，その機能において，受給者の退職後の生活を保障し，多くの場合いわゆる老後の生活の糧となるものであつて，他の一般の給与所得と同様に一律に累進税率による課税の対象とし，一時に高額の所得税を課することとしたのでは，公正を欠き，かつ社会政策的にも妥当でない結果を生ずることになることから，かかる結果を避ける趣旨に出たものと解される(＊2)。従業員が退職に際して支給を受ける金員には，普通，退職手当又は退職金と呼ばれているもののほか，種々の名称のものがあるが，それが法にいう退職所得にあたるかどうかについては，その名称にかかわりなく，退職所得の意義について規定した前記法30条1項の規定の文理及び右に述べた退職所得に対する優遇課税についての立法趣旨に照らし，これを決するのが相当である。かかる観点から考察すると，ある金員が，右規定にいう「退職手当，一時恩給その他の退職により一時に受ける給与」にあたるというためには，それが，（1）退職すなわち勤務関係の終了という事実によつてはじめて

給付されること，(2) 従来の継続的な勤務に対する報償ないしその間の労務の対価の一部の後払の性質を有すること，(3) 一時金として支払われること，との要件を備えることが必要であり(＊3－1)，また，右規定にいう「これらの性質を有する給与」にあたるというためには，それが，形式的には右の各要件のすべてを備えていなくても，実質的にみてこれらの要件の要求するところに適合し，課税上，右「退職により一時に受ける給与」と同一に取り扱うことを相当とするものであることを必要とすると解すべきである(＊3－2)。」

【ワンポイント解説】

　本判決は，退職所得に該当するか否かを判断する際のリーディングケースであり，重要な判例である。退職所得は勤務先の会社から支給される金員という点で，本来，給与所得として課税されるはずである。しかし，退職を基因とするなど所定の要件を満たしたものについては，給与所得よりも税の優遇がなされている。この点について条文を拾いながら説明されているのが (＊1) である。また，なぜそのような税優遇がなされているのか，つまり退職所得課税の趣旨が (＊2) で判示されている。
　そして，税優遇がなされる退職所得に該当するための要件（判断基準）が (＊3) で判示されている（具体的には (＊3－1) で「退職手当，一時恩給その他の退職により一時に受ける給与」にあたるための要件が，(＊3－2) で「これらの性質を有する給与」にあたるための要件が明らかにされている）。

memo

50 会社取締役商品先物取引事件
(名古屋地裁昭和60年4月26日判決・民集36巻4号589頁,ケースブック§224.02)

判例に登場する論点 どこで使う規範?
①事業所得の意義
②事業所得と雑所得の区別

重要度ランク………**B+**

【規範】

「……法27条1項は,事業所得の定義として,農業,製造業,卸売業,小売業,サービス業,その他の事業で政令で定めるものから生ずる所得と規定し,これを受けた令63条は,1号から11号まで具体的な事業の種類を規定し,かつ12号で前各号に掲げるもののほか,対価を得て継続的に行う事業も含まれると規定しているところ(＊1),商品先物取引は令63条1号ないし11号に規定されている事業に該当しないことは明らかであるから,原告Aの商品先物取引による損失額が事業所得の金額の計算上生じたものか,雑所得の金額の計算上生じたものかは,原告Aが本件各係争年分中にした商品先物取引が令63条12号にいう対価を得て継続的に行う事業に該当するか否かにある。

そして,一定の経済的行為が右に該当するか否かは,当該経済的行為の営利性,有償性の有無,継続性,反覆性の有無のほか,自己の危険と計算による企画遂行性の有無,当該経済的行為に費した精神的,肉体的労力の程度,人的,物的設備の有無,当該経済的行為をなす資金の調達方法,その者の職業,経歴及び社会的地位,生活状況及び当該経済的行為をなすことにより相当程度の期間継続して安定した収益を得られる可能性が存するか否か等の諸要素を総合的に検討して社会通念に照らしてこれを判断すべきものと解される(＊2)。」

【ワンポイント解説】

　本判決では，(＊1)で事業所得の定義が，所得税法27条1項の規定に沿って説明されている。当時と現在では条文の内容が若干異なるが，おおむね同旨であるため考え方として参考になる。現行所得税法では，27条1項で「事業所得」の定義が「農業，漁業，製造業，卸売業，小売業，サービス業その他の事業で政令で定めるものから生じる所得（山林所得又は譲渡所得に該当するものを除く。）」であると定められ，ここにいう「政令で定めるもの」については，所得税法施行令63条で12号までの列挙事由がある。このうち12号で「前号に掲げるもののほか，対価を得て継続的に行う事業」とある。この現行所得税法施行令63条12号の意義が，本判決で問題となったものと同じく考えることができる。

　(＊2)では，所得税法27条1項12号にいう「対価を得て継続的に行う事業」にあたるか（事業所得），あたらないか（雑所得）について，考慮すべき要素（総合考慮）が詳細に判示されている。

memo

51 嶋モータース事件
（名古屋高裁金沢支部昭和49年9月6日判決・行集25巻8＝9号1096頁，ケースブック§224.03）

判例に登場する論点
どこで使う規範？

①配当所得課税の趣旨
②事業所得と配当所得の区別

重要度ランク………**B+**

【規範】
「……控訴人は個人事業者が事業上の必要から法人に出資したところ，右出資に対する配当の形式で収入があつた場合には，これを配当所得として扱うべきでなく，事業所得の一部として扱うべきものであると主張する。

しかしながら右の考え方は当時の所得税法第24条第1項の文理に反するばかりでなく，次の二点において不都合を生じるから採用できない。

第一に現行法上配当所得が他の所得から区分されている理由は，法人税との間の二重課税を避けるため法人からの収入につき配当控除（所得税法第92条）をする点にある(＊1)。右の二重課税の可能性は，純粋の投機投資株主の有する株式（投機投資目的で取得せられた株式）についてだけに限られる訳ではなく，いわゆる企業主株主の有する株式（企業支配目的で取得せられた株式），自己の固有の事業に関連して又はその事業活動のために所有する株式についても同様に存在するから，これらの株主の有する株式に対する配当収入も，均しく配当所得に該当するものと解すべきである(＊2-1)。

次に控訴人の主張するような場合の配当収入を個人事業者の事業所得の一部分と解する場合には，右部分も事業税の対象となるものと解さなければならぬと思われるが，その場合は法人の所得につき既に事業税が課せられているのにその所得の分配である配当につき再び事業税が課せられることとなり，不合理であるといわねばならない(＊2-2)。」

【ワンポイント解説】
　（＊1）で，配当所得の課税趣旨（二重課税の防止）が判示されている。これを受けて，（＊2－1）および（＊2－2）で，個人事業の必要のためになされた出資が，その出資（株式取得）のための借入金利息は事業所得の必要経費にあたるか否かをめぐり，配当所得と事業所得の区別の基準が判示されている（具体的には，（＊2－1）で配当所得の範囲が判示され，（＊2－2）で配当収入を事業所得とすることの不合理性が判示されている）。
　この判決のポイントは，事業所得はあくまで事業「から生ずる所得」であって，事業に関係する所得がすべて事業所得に分類されるわけではないことである（金子宏ほか『ケースブック租税法（第3版）』347頁参照）。

memo

第2編　所得税　Ⅲ　所得の計算と年度帰属

52 賃貸用土地贈与事件
（大阪高裁平成10年1月30日判決・税務訴訟資料230号337頁，ケースブック §231.02）

①必要経費の意義

重要度ランク………Ⓐ

【規範】
「……所得税法においては，ある支出が必要経費として控除され得るためには，それが客観的にみて事業活動と直接の関連をもち，事業の遂行上直接必要な費用でなければならないというべきである(＊1)。」

【ワンポイント解説】

　所得税法において控除することができる必要経費（所得税法37条1項）の意義および判断基準が判示されている。所得税法37条1項には，「その年分の不動産所得の金額，事業所得の金額又は雑所得の金額（……）の計算上必要経費に算入すべき金額は，別段の定めがあるものを除き，これらの所得の総収入金額に係る売上原価その他当該総収入金額を得るため直接に要した費用の額及びその年における販売費，一般管理費その他これらの所得を生ずべき業務について生じた費用（償却費以外の費用でその年において債務の確定しないものを除く。）の額とする」と定められている。本判決では，この意義および判断基準を明らかにされている（＊1）。

　所得税法37条1項とセットで理解しておくべき条文に所得税法45条1項1号がある。所得税法45条1項1号には，「家事上の経費及びこれに関連する経費で政令で定めるもの」は必要経費に算入されない旨が定められている。

memo

53 高松市塩田宅地分譲事件
（高松地裁昭和48年6月28日判決・行集24巻6=7号511頁，ケースブック §231.03）

判例に登場する論点
どこで使う規範？

①違法な支出と必要経費

重要度ランク………A

【規範】

「……被告は，法規の許容する限度を上廻る部分については，必要経費として原告の収入金額から控除すべきでないとの趣旨の主張をしているが，右法律（これに基づく細則を含む。以下この項において同じ。）の規定の趣旨は，不動産仲介業者が不動産取引における代理ないしは仲介行為によつて不当の利益を収めることを禁止するところにあると解され，したがつて，右法律に違反する報酬契約の私法上の効力いかんは問題であるとしても，現実に右法律所定の報酬額以上のものが支払われた場合には，所得税法上は右現実に支払われた全額を経費（右報酬の支払いを受けた不動産仲介業者については所得）として認定すべきものである(*1)。」

【ワンポイント解説】

　本判決は，取引当時に施行されていた法律の規制（許容限度）を超える報酬額を支払った場合（違法な支出）であっても，「現実に支払われた」全額が必要経費（現行所得税法37条1項）になることが判示されている（＊1）。必要経費とは，所得を得るために必要な支出のことであり，投下資本の回収部分に課税が及ぶことを避ける趣旨だと解されている（金子宏『租税法（第16版）』253～254頁）。そしてアメリカの内国歳入法典162条のように「通常かつ必要」な経費であると定められているものではないため，「必要」だということができれば，違法ないし不法な支出も，別段の定めがない限りは必要経費としての控除が認められると解されている（同253頁）。ただし，架空の経費の計上をするために行う支出のようなもの（いわゆる脱税工作金）は，収益を生み出すための支出ではないため，そもそも必要な経費にはあたらないと解されている（最高裁平成6年9月16日決定・刑集48巻6号357頁。金子・同書253頁参照）。

　逆に違法な報酬の支払いを受けた業者についても，所得に該当することが括弧書きで判示されている。この点は，包括的所得概念から，違法な所得であっても，現金の支払いを受けたときには，外部からの経済的価値の流入がある以上，所得に該当することが判示された最高裁昭和46年11月9日判決【23】も参考にされたい。

memo

54 雑所得貸倒分不当利得返還請求事件
（最高裁昭和49年3月8日判決・民集28巻2号186頁，ケースブック §232.01）

判例に登場する論点 どこで使う規範？
①譲権利確定主義
②権利確定主義の趣旨
③貸倒れが生じた場合の税額の修正

重要度ランク………**A**

【規範】

「……旧所得税法は，一暦年を単位としてその期間ごとに課税所得を計算し，課税を行うこととしている。そして，同法10条〔注：現行所得税法36条〕が，右期間中の総収入金額又は収入金額の計算について，「収入すべき金額による」と定め，「収入した金額による」としていないことから考えると，同法は，現実の収入がなくても，その収入の原因たる権利が確定的に発生した場合には，その時点で所得の実現があつたものとして，右権利発生の時期の属する年度の課税所得を計算するという建前（いわゆる権利確定主義）を採用しているものと解される(*1)。……

もともと，所得税は経済的な利得を対象とするものであるから，究極的には実現された収支によつてもたらされる所得について課税するのが基本原則であり，ただ，その課税に当たつて常に現実収入のときまで課税できないとしたのでは，納税者の恣意を許し，課税の公平を期しがたいので，徴税政策上の技術的見地から，収入すべき権利の確定したときをとらえて課税することとしたものであり，その意味において，権利確定主義なるものは，その権利について後に現実の支払があることを前提として，所得の帰属年度を決定するための基準であるにすぎない(*2)。換言すれば，権利確定主義のもとにおいて金銭債権の確定的発生の時期を基準として所得税を賦課徴収するのは，実質的には，いわば未必所得に対する租税の前納的性格を有するものであるから，その後において右の課税対象とされた債権が貸倒れによつて回収不能となるがごとき事態を生じた場合には，先の課税はその前提を失い，結果的に所得なきところに課税したものとして，当然にこれに対するなんらかの是正が要求されるものというべく，それは，所得税の賦課徴収につき権利確定主義をとることの反面としての要請であるといわなければならない。

……債権の後発的貸倒れの場合にも，貸倒れの存否及び数額についてまず課税庁が判断し，その債権確定時の属する年度における実所得が貸倒れにより回

収不能となつた額だけ存在しなかつたものとして改めて課税所得及び税額を算定し，それに応じて先の課税処分の全部又は一部を取り消したうえ，既に徴税後であればその部分の税額相当額を納税者に返還するという措置をとることが最も事理に即した是正の方法というべく（前記昭和37年法律第44号による改正後の所得税法10条の6，27条の2参照），課税庁としては，貸倒れの事実が判明した以上，かかる是正措置をとるべきことが法律上期待され，かつ，要請されているものといわなければならない(*3)。」

【ワンポイント解説】
　(*1)では，所得税法が権利確定主義を採用していることが判示されている。根拠条文は本判決が引用しているものと異なるが，現行所得税法36条1項においても同様の議論が妥当する。(*2)では，この権利確定主義の趣旨が具体的に説明されている。権利確定主義は，所得の年度帰属（いつ課税すべきか）を考えるうえでの根本原則であり，重要である。
　所得税法が権利確定主義を採用している結果，現金収入がない時点でも，当該債権の発生が確定した場合には，その年度に所得があったものとして所得税の課税対象になる。しかしながら，貸倒れで回収できなかった場合にまで，当該債権の収入があったことを前提とした課税をそのままにするのは妥当でない。本判決ではこの点について，救済策が制定されていなかったことを捉え，(*3)で是正の必要が判示された。現行法においては，上記判示の括弧書きにあるように，現行所得税法64条1項，152条に特則が定められている。この点も確認されたい。

memo

55 沖縄補償金事件控訴審判決
（福岡高裁那覇支部平成8年10月31日判決・行集47巻10号1067頁，ケースブック §232.02）

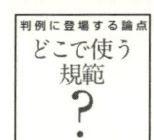

①権利確定主義の意義・判断基準

重要度ランク………**B+**

【規範】

「……「収入の原因となる権利の確定」（前出の最高裁判決）とは，収入の原因となる法律関係が成立し，この法律関係に基づく収入を事実上支配管理しうる事実の生じたことをいい，将来における不確定な事情によって，権利の全部又は一部が消滅することなく，終局的に確定していることまでも要するものではないと解される(*1)。」

【ワンポイント解説】

　所得の年度帰属（課税時期）について，所得税法が権利確定主義（所得税法36条1項参照）を採用していることは，最高裁昭和49年3月8日判決【54】で判示されたとおりである。すなわち，所得税法においてどの年分の所得として帰属するかについては，現実のキャッシュ（現金）を得たときではなく（現金主義），当該「収入の原因となる権利の確定」したとき（発生主義のなかでも権利確定主義）と解されている。

　本判決では，この「収入の原因となる権利の確定」の意義および具体的な判断基準が判示されいてる（＊1）。権利確定主義が妥当すると解釈されている理由として，①今日の経済取引においては，信用取引が支配的であり，たとえ現実の収入がなくても，収入すべき権利が確定すれば，その段階で所得の実現があったと考えるのが合理的であること，②現金主義のもとでは，租税を回避するため，収入の時期を先に引きのばし，あるいは人為的にその時期を操作する傾向が生じやすいことが挙げられているが（金子宏『租税法（第16版）』250頁），本判決の判示はこうした趣旨を前提に考えると理解がしやすいと思われる。

memo

56 仙台家賃増額請求事件
（最高裁昭和53年2月24日判決・民集32巻1号43頁，ケースブック §232.03）

判例に登場する論点 どこで使う規範？
①権利確定主義
②権利確定主義の判断基準
③賃料増額請求権の場合
④原状回復義務不履行に基づく賃料相当の損害賠償請求権の場合
⑤現実に収受した場合

重要度ランク………Ⓐ

【規範】

「……旧所得税法は，一暦年を単位としてその期間ごとに課税所得を計算し課税を行うこととしているのであるが，同法10条1項〔注：現行所得税法36条1項〕が右期間中の収入金額の計算について「収入すべき金額」によるとしていることから考えると，同法は，現実の収入がなくても，その収入の原因となる権利が確定した場合には，その時点で所得の実現があつたものとして右権利確定の時期の属する年分の課税所得を計算するという建前（いわゆる権利確定主義）を採用しているものと解される（最高裁昭和39年（あ）第2614号同40年9月8日第二小法廷決定・刑集19巻6号630頁，同昭和43年（オ）第314号同49年3月8日第二小法廷判決・民集28巻2号186頁）(＊1)。そして，右にいう収入の原因となる権利が確定する時期はそれぞれの権利の特質を考慮し決定されるべきものであるが(＊2)，賃料増額請求にかかる増額賃料債権については，それが賃借人により争われた場合には，原則として，右債権の存在を認める裁判が確定した時にその権利が確定するものと解するのが相当である。けだし，賃料増額の効力は賃料増額請求の意思表示が相手方に到達した時に客観的に相当な額において生ずるものであるが，賃借人がそれを争つた場合には，増額賃料債権の存在を認める裁判が確定するまでは，増額すべき事情があるかどうか，客観的に相当な賃料額がどれほどであるかを正確に判断することは困難であり，したがつて，賃貸人である納税者に増額賃料に関し確定申告及び納税を強いることは相当でなく，課税庁に独自の立場でその認定をさせることも相当ではないからである(＊3)。また，賃料増額の効力が争われている間に賃貸借契約が解除されたような場合における原状回復義務不履行に基づく賃料相当の損害賠償請求権についても右と同様に解するのが相当である(＊4)。

ところで，旧所得税法がいわゆる権利確定主義を採用したのは，課税にあたつて常に現実収入のときまで課税することができないとしたのでは，納税者の恣意を許し，課税の公平を期しがたいので，徴税政策上の技術的見地から，収

入の原因となる権利の確定した時期をとらえて課税することとしたものであることにかんがみれば，増額賃料債権又は契約解除後の賃料相当の損害賠償請求権についてなお係争中であつても，これに関しすでに金員を収受し，所得の実現があつたとみることができる状態が生じたときには，その時期の属する年分の収入金額として所得を計算すべきものであることは当然であり，この理は，仮執行宣言に基づく給付として金員を取得した場合についてもあてはまるものといわなければならない(＊5)。……」

【ワンポイント解説】

（＊1）では，所得の帰属年分（課税時期）について，権利確定主義の考え方が判示されている。（＊2）では，その判断基準が判示されている。

そのうえで，（＊3）で賃料増額請求権が争われている場合の収入時期が，（＊4）で賃料増額の効力が争われている間に賃貸借契約が解除されたような場合における賃料相当の損害賠償請求の収入時期が判示されている。また，両請求が係争中に現実に金員を収受した場合の収入時期が（＊5）で判示されている。

memo

57 事業所得貸倒分不当利得返還請求事件
（最高裁昭和53年3月16日判決・訟務月報24巻4号840頁，ケースブック§234.03）

①事業上の損失と不当利得返還請求の可否

重要度ランク………A-

【規範】
「……旧所得税法（昭和22年法律第27号）のもとにおいて，事業所得として課税の対象とされた金銭債権が後日貸倒れ等により回収不能となつたときは，その回収不能による損失額を，当該回収不能の事実が発生した年分の事業所得の金額の計算上，必要経費に算入すべきものとされ，これによつて納税者は実質的に先の課税について救済を受けることができたのであるから，それとは別に，納税者が徴税者たる国に対し，右回収不能による損失額に対応する徴収ずみの税額につき不当利得として返還を請求することは，法の認めないところであつたと解すべきである(＊1)。……」

【ワンポイント解説】

　権利確定主義のもとでは，現実に現金収入がない段階であっても，債権の発生が確定した段階で，「収入すべき金額」があったものとして，その年分の所得として課税がされることになる。

　しかし，債権の発生が確定したとして課税された後，貸倒れなどの事情で当該債権を回収することが不能な事実が発生した場合には，現実に得ることができない債権について所得税が課されたことになり調整が必要になる。この場合，理論的には，（1）貸倒れの事実が発生した年分の必要経費として処理する方法と，（2）過去に遡って納めた税金の不当利得返還請求をする方法の2つが考えられる。この点について本判決では，（1）の方法が定められている以上，それによるべきであり，（2）の方法は法は認めていないと解すべきことが判示されている（＊1）。

memo

58 貸倒損失訴訟事件
（名古屋地裁平成2年11月30日判決・行集41巻11=12号1921頁，ケースブック§234.03）

①所得税法51条2項の意義
②所得税法51条2項の適用についての判断基準

重要度ランク………B

【規範】

「……所得税法51条2項は，事業所得を生ずべき事業について，その事業の遂行上生じた貸付金債権等の貸倒れにより生じた損失の金額は，その損失の生じた日の属する年分の事業所得の金額の計算上必要経費に算入する旨を規定しているが(*1)，右の規定により貸倒損失として必要経費に計上できるのは，原則として，債務者に対し債務免除の意思表示をしたときなど債権が法律上消滅した場合（ただし，債務者に対する実質的な贈与と認められるものであるときは，その債権の消滅は貸倒れには当たらないので，右の債務免除の意思表示は，債務者の債務超過の状態が相当期間継続してその貸金等の弁済を受けることが困難であると認められる状況で行われたものでなければならない。）又はその債務者の資産状況，支払能力等からみて貸付金等の全額が回収できないことが明らかになったときなど法律上債権は存在するがその回収が事実上不可能である場合のいずれかに該当することが必要であるというべきである(*2-1)。

なお，右の後者の場合に当たるというためには，前者の場合との均衡，課税金額計算の明確性の要請等に照らし，当該年中に弁済期が到来している債権につき，債務者の倒産，失踪等の事情が生じ，貸付金の回収の見込みがないことが客観的に確実になったことを要すると解すべきである(*2-2)。……」

【ワンポイント解説】
　所得税法51条2項は，事業所得等を生ずべき事業について，事業の遂行上生じた債権の貸倒れ等があった場合に，その損失額をその年の必要経費に算入できる旨を規定している(＊1)。
　この規定によって貸倒れとして必要経費に算入できる場合について，(＊2－1)で，①債権が法律上消滅した場合と，②法律上は債権が存在するが回収が事実上困難である場合との2つの場合に限られることが判示されている。②に該当するための要件については，(＊2－2)で，回収の見込みがないことが客観的に確実になったことを要するとの具体的な適用基準が判示されている。

memo

59 弁護士夫婦事件
（最高裁平成16年11月2日判決・訟務月報51巻10号2615頁，ケースブック§234.04）

判例に登場する論点 どこで使う規範？
①所得税法56条の意義
②所得税法56条の適用範囲

重要度ランク………**A**

【規範】
「 所得税法56条は，事業を営む居住者と密接な関係にある者がその事業に関して対価の支払を受ける場合にこれを居住者の事業所得等の金額の計算上必要経費にそのまま算入することを認めると，納税者間における税負担の不均衡をもたらすおそれがあるなどのため，居住者と生計を一にする配偶者その他の親族がその居住者の営む事業所得等を生ずべき事業に従事したことその他の事由により当該事業から対価の支払を受ける場合には，その対価に相当する金額は，その居住者の当該事業に係る事業所得等の金額の計算上，必要経費に算入しないものとした上で，これに伴い，その親族のその対価に係る各種所得の金額の計算上必要経費に算入されるべき金額は，その居住者の当該事業に係る事業所得等の金額の計算上，必要経費に算入することとするなどの措置を定めている(*1)。

同法56条の上記の趣旨及びその文言に照らせば，居住者と生計を一にする配偶者その他の親族が居住者と別に事業を営む場合であっても，そのことを理由に同条の適用を否定することはできず，同条の要件を満たす限りその適用があるというべきである(*2)。」

【ワンポイント解説】

　ともに弁護士をしている夫婦（ただし，所属弁護士会も別で，事務所も別々に開設していた。）がおり，その夫婦の一方が他方の配偶者に事業の対価として支払った報酬が一方の事業の必要経費に算入できるかが争われた事案である（なお，本判決と類似の事件として，弁護士である夫が税理士である妻に対して支払った報酬が必要経費に算入できるかが争われた事件もある（東京高裁平成16年6月9日判決・判例時報1891号18頁。結論は本判決と同旨））。

　本判決では，こうした問題について，(＊1)で所得税法56条の意義が判示され，(＊2)でその適用範囲（適用基準）が示されている。所得税法56条1項には「居住者と生計を一にする配偶者その他親族がその居住者の営む」事業所得等「を生ずべき事業に従事したことその他の事由により当該事業から対価の支払を受ける場合」に，「その対価に相当する金額」をその居住者の当該事業に係る事業所得等の金額の計算上，必要経費に算入しないことが定められている。このことは「居住者と生計を一にする配偶者その他親族が居住者と別に事業を営む場合」であっても変わらない（同じである）という結論である。

memo

60 岩手リゾートホテル事件

（東京地裁平成10年2月24日判決・判例タイムズ1004号142頁，ケースブック§241.01）

判例に登場する論点 どこで使う規範?
①所得税法69条2項の意義（損益通算）
②所得税法施行令178条1項2号の意義
③租税法上の要件事実の認定（主観的な意思）
④所得税法施行令178条1項2号の判断基準

重要度ランク………**B**

【規範】

「……法69条2項により，生活に通常必要でない資産に係る所得の計算上生じた損失の金額は，競争馬の譲渡に係る譲渡所得の金額の計算上生じた損失の金額について限定的に損益通算が認められているほかは，損益通算の対象とならないものであるが(*1-1)，これは，生活に通常必要でない資産に係る支出ないし負担は，個人の消費生活上の支出ないし負担としての性格が強く，このような支出ないし負担の結果生じた損失の金額について，損益通算を認めて担税力の減殺要素として取り扱うことは適当でないとの考え方に基づくものと解される(*1-2)。

……ところで，法施行令178条1項2号は，「通常自己及び自己と生計を一にする親族が居住の用に供しない家屋で主として趣味，娯楽又は保養の用に供する目的で所有するものその他主として趣味，娯楽，保養又は鑑賞の目的で所有する不動産」を生活に通常必要でない資産として規定しており，家屋その他の不動産については，その主たる所有目的によって，当該不動産に係る所得の計算上生じた損失が損益通算の対象となるか否かが決せられることとなるところ(*2)，原告は，右の主たる所有目的の認定に当たっては，当該所有者の主観的な意思を最優先すべきであるとの趣旨の主張をしている。

しかしながら，個人の主観的な意思は外部からは容易には知り難いものであるから，一般論として，租税法上の要件事実の認定に当たり，客観的事実を軽視し，個人の主観的な意思を重視することは，税負担の公平と租税の適正な賦課徴収を実現する上で問題があり，適当でないというべきである(*3)。のみならず，前示のとおり，法69条2項が生活に通常必要でない資産に係る所得の計算上生じた損失について損益通算を認めていないのは，その資産に係る支出ないし負担の経済的性質を理由とするものであるところ，このような支出ないし負担の経済的性質は，本来，個人の主観的な意思によらずに，客観的に判定されるべきものであることからすると，法施行令178条1項2号の要件該当性を判

断する上でも，当該不動産の性質及び状況，所有者が当該不動産を取得するに至った経緯，当該不動産より所有者が受け又は受けることができた利益及び所有者が負担した支出ないし負担の性質，内容，程度等の諸般の事情を総合的に考慮し，客観的にその主たる所有目的を認定するのが相当である**(＊4)**。」

【ワンポイント解説】
　損益通算について，**(＊1)** で所得税法69条2項の意義が判示されている（具体的には，その意義が **(＊1-1)** で，その趣旨が **(＊1-2)** で明らかにされている）。**(＊2)** では，所得税法施行令178条1項2号の意義が示されている。この所得税法施行令178条1項2号の要件該当性の判断基準（適用基準）について，**(＊3)** で租税法の課税要件事実の認定において主観的意図を考慮することの当否についての一般論が展開されたうえで，具体的な基準が **(＊4)** で判示されている。
　なお，主観的な目的を要件として検討すべき場合は，租税法に限らず，刑法など他の法律においてもしばしば登場する。これらの場合においても，本判決の判示と同様に客観的事実を前提に主観的な目的の有無を認定するのが通常である。

memo

61 事実婚「配偶者控除」訴訟
（最高裁平成9年9月9日判決・訟務月報44巻6号1009頁,
ケースブック §241.02）

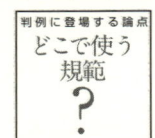

①所得税法83条および83条の2の「配偶者」の意義（配偶者控除）

判例に登場する論点
どこで使う規範
？

重要度ランク……… B

【規範】
「 所得税法83条及び83条の2にいう「配偶者」は，納税義務者と法律上の婚姻関係にある者に限られると解するのが相当であり **(＊1)**，……」

【ワンポイント解説】

　本判決では，配偶者控除を定めた所得税法83条，配偶者特別控除を定めた所得税法83条の2にいう「配偶者」の意義が判示されている（＊1）。「法律上の婚姻関係にあるある者に限られる」という解釈は，内縁や事実婚を含まないという点で，民法にいう「配偶者」と同義である。

　このように他の法律（民法・商法など）にある概念で，税法が特段の定義規定をおかないままその用語を用いた場合（借用概念）については，他の法律と同義に解すべきとされている（統一説：判例・通説）。本判決もこの考え方に立脚するものと考えられる。なお，同趣旨のものに，所得税法2条1項34号にいう「親族」（扶養控除を定めた所得税法84条の適用上問題になる）は「民法上の親族をいう」と判示した最高裁平成3年10月17日判決・訟務月報38巻5号911頁などがある。

memo

62 「災難」事件
（最高裁昭和36年10月13日判決・民集15巻9号2332頁，ケースブック §242.01）

①所得税法72条1項（雑損控除）の意義

重要度ランク………B

【規範】

「……法11条の3〔注：現行所得税法72条1項〕により控除される雑損とは，納税義務者の意思に基かない，いわば災難による損失を指すことは，同条の規定上からも明らかであり(*1)，……」

【ワンポイント解説】
　現行所得税法にいう72条１項の雑損控除について判示された最高裁判決である。(＊１)で，雑損控除にいう雑損の意義が判示されている。
　所得税法は，72条以下で所得控除に関する規定を定めている。本判決で問題になった雑損控除（所得税法72条）のほか，医療費控除（同法73条），社会保険料控除（同法74条），小規模気魚共済等掛金控除（同法75条），生命保険料控除（同法76条），地震保険料控除（同法77条），寄附金控除（同法78条），障害者控除（同法79条），寡婦（寡夫）控除（同法80条），勤労学生控除（同法82条），配偶者控除（同法83条），扶養控除（同法84条），基礎控除（同法86条）である。確定申告をするにあたっては重要であるが，学習上の重要度は他の条文に比べると若干落ちるかもしれない。しかし少なくとも条文がどのあたりにあり，どのような控除があるかについては知っておくことが重要であろう。

memo

第3編 法人税　I　法人税の基礎

63 ペット葬祭業事件
（最高裁平成20年9月12日判決・判例時報2022号11頁，ケースブック§312.02）

判例に登場する論点 どこで使う規範？

①法人税法4条1項ただし書きの趣旨（公益法人等に対する課税）
②法人税法施行令5条1項10号の適用基準（収益事業とされる「請負業」の意義）

重要度ランク………Ⓐ

【規範】

「……法人税法が，公益法人等の所得のうち収益事業から生じた所得について，同種の事業を行うその他の内国法人との競争条件の平等を図り，課税の公平を確保するなどの観点からこれを課税の対象としていることにかんがみれば(＊1)，宗教法人の行う上記のような形態を有する事業が法人税法施行令5条1項10号の請負業等に該当するか否かについては，事業に伴う財貨の移転が役務等の対価の支払として行われる性質のものか，それとも役務等の対価でなく喜捨等の性格を有するものか，また，当該事業が宗教法人以外の法人の一般的に行う事業と競合するものか否か等の観点を踏まえた上で，当該事業の目的，内容，態様等の諸事情を社会通念に照らして総合的に検討して判断するのが相当である(＊2)。」

【ワンポイント解説】

　宗教法人などの公益法人は，法人税法上の「公益法人等」に該当するため（法人税法2条6号，別表第2），収益事業を行う場合に限り法人税の納税義務を負うことになる（法人税法4条1項ただし書き）。そのため収益事業に該当するか否かが，課税されるかされないかの分水嶺となり重要になる。収益事業の定義は，法人税法2条13号に「販売業，製造業その他の政令で定める事業で，継続して事業場を設けて行われるもの」とあり，この委任を受けた法人税法施行令5条1項が1号から33号の事業を列挙している。

　本判決では，**(＊1)** でこのように公益法人等が収益事業を営む場合に課税される趣旨（法人税法4条1項ただし書きの趣旨）が示されたうえで，**(＊2)** で収益事業として課税されることになる「請負業（事務処理の委託を受ける業を含む。）のうち次に掲げるもの以外のもの（……）」（法人税法施行令5条1項10号）が適用されるための判断基準が判示されている。

memo

64 ネズミ講事件
（福岡高裁平成2年7月18日判決・訟務月報37巻6号1092頁，ケースブック §312.03）

①税法上の人格なき社団（借用概念）
②税法上の人格なき社団の判断基準

重要度ランク………**B+**

【規範】
「……右税法にいう「人格なき社団」なる概念は，もともと「権利能力なき社団」として認知された民事実体法上の概念を借用したもので，納税主体をこのような社団概念に準拠してこれを捕捉する以上は，民事実体法上の社団性概念にある程度拘束されるのもやむを得ないことである。他方，ある事業主体の社団性の存否は，優れて実体法上の問題であり，社会的に事業主体，活動主体として実体法上その実在が肯認されることを基礎として，そこに取引主体等が形成され，訴訟当事者としての適格，強制執行の対象となる財産の区別等がされるに至るのである(＊1)（本件ではまさに破産者が誰であるかにかかわる問題である。）。もっとも，税法上，人格なき社団として課税の客体となり得るか否かも実体法上の問題ではあるが，その社団性が肯認されることが前提であり，その判断においては，法的安定性の点からも社団性の概念は民事実体法と一義的に解釈されるのが相当である。

そこで，この点の判断につき，権利能力なき社団の実体法的要件について判断をした最一小判昭和39年10月15日（民集18巻8号1671頁）に示された要件を前提に，本会名をもってされた鼠講事業が社団性区別の基準となる要件を充足させるものであったか否かにつき個々に検討する(＊2)。」

【ワンポイント解説】
　（＊１）で税法上の人格なき社団が，民法にいう権利能力なき社団の借用概念であり，民法の概念を基礎にすべきことが判示されている。ここにいう「税法」というのは，所得税法4条，法人税法3条，相続税法66条等のことである。
　これを受けて，（＊２）で税法上の人格なき社団に該当するための判断基準が判示されている。なお，権利能力なき社団の実体法的要件について判断をした本判決引用の最高裁昭和39年10月15日判決では，権利能力なき社団の成立要件として「団体としての組織を備え，多数決の原則が行われ，構成員の変更にもかかわらず団体そのものが存続し，その組織によって代表の方法，総会の運営，財産の管理等団体としての主要な点が確定していることを要する」と判示されている（民法の基本判例であるので確認されたい）。

memo

第3編 法人税　Ⅱ 法人所得の意義

65 大竹貿易株式会社事件
（最高裁平成5年11月25日判決・民集47巻9号5278頁，ケースブック§321.03）

判例に登場する論点　どこで使う規範？
①法人税法22条2項および4項の意義・趣旨
②収益の計上時期（権利確定主義）
③公正妥当な会計基準にあたるかの判断基準

重要度ランク………Ⓐ

【規範】

「……法人税法上，内国法人の各事業年度の所得の金額の計算上当該事業年度の益金の額に算入すべき金額は，別段の定めがあるものを除き，資本等取引以外の取引に係る収益の額とするものとされ（22条2項），当該事業年度の収益の額は，一般に公正妥当と認められる会計処理の基準に従って計算すべきものとされている（同条4項）(*1-1)。したがって，ある収益をどの事業年度に計上すべきかは，一般に公正妥当と認められる会計処理の基準に従うべきであり，これによれば，収益は，その実現があった時，すなわち，その収入すべき権利が確定したときの属する年度の益金に計上すべきものと考えられる(*2)。もっとも，法人税法22条4項は，現に法人のした利益計算が法人税法の企図する公平な所得計算という要請に反するものでない限り，課税所得の計算上もこれを是認するのが相当であるとの見地から，収益を一般に公正妥当と認められる会計処理の基準に従って計上すべきものと定めたものと解されるから(*1-2)，右の権利の確定時期に関する会計処理を，法律上どの時点で権利の行使が可能となるかという基準を唯一の基準としてしなければならないとするのは相当でなく，取引の経済的実態からみて合理的なものとみられる収益計上の基準の中から，当該法人が特定の基準を選択し，継続してその基準によって収益を計上している場合には，法人税法上も右会計処理を正当なものとして是認すべきである。しかし，その権利の実現が未確定であるにもかかわらずこれを収益に計上したり，既に確定した収入すべき権利を現金の回収を待って収益に計上するなどの会計処理は，一般に公正妥当と認められる会計処理の基準に適合するものとは認め難いものというべきである(*3)。」

【ワンポイント解説】

　所得税法で所得の年度帰属（課税時期）の問題があったように，法人税法においても収益の計上時期（課税時期）という問題がある。

　この点について，法人税法は**（＊1）**で判示されているとおり，22条2項および4項でその一般原則を定めている（**（＊1－1）**で条文上の意義が示され，**（＊1－2）**で法人税法22条4項の趣旨が判示されている）。

　具体的には，**（＊2）**で判示されるように「公正妥当な会計基準」によって計算すべきであり，収益については実現があったとき（＝その収入すべき権利が確定したとき）の年度の益金に計上すべきとされている（所得税法が採用していた権利確定主義が法人税法でもあてはまることを意味する）。さらに**（＊3）**で「公正妥当な会計基準」にあたるための判断基準が示されている。

memo

66 南西通商株式会社事件
（最高裁平成7年12月19日判決・民集49巻10号3121頁，ケースブック§322.02）

判例に登場する論点
どこで使う規範？

①法人税法22条2項の意義・趣旨（無償による資産の譲渡）
②益金の額に算入すべき収益の額の意義（低額譲渡の場合）

重要度ランク……… A

【規範】

「 法人税法22条2項は，内国法人の各事業年度の所得の金額の計算上，無償による資産の譲渡に係る当該事業年度の収益の額を当該事業年度の益金の額に算入すべきものと規定しており，資産の無償譲渡も収益の発生原因となることを認めている(*1-1)。この規定は，法人が資産を他に譲渡する場合には，その譲渡が代金の受入れその他資産の増加を来すべき反対給付を伴わないものであっても，譲渡時における資産の適正な価額に相当する収益があると認識すべきものであることを明らかにしたものと解される(*1-2)。

譲渡時における適正な価額より低い対価をもってする資産の低額譲渡は，法人税法22条2項にいう有償による資産の譲渡に当たることはいうまでもないが，この場合にも，当該資産には譲渡時における適正な価額に相当する経済的価値が認められるのであって，たまたま現実に収受した対価がそのうちの一部のみであるからといって適正な価額との差額部分の収益が認識され得ないものとすれば，前記のような取扱いを受ける無償譲渡の場合との間の公平を欠くことになる。したがって，右規定の趣旨からして，この場合に益金の額に算入すべき収益の額には，当該資産の譲渡の対価の額のほか，これと右資産の譲渡時における適正な価額との差額も含まれるものと解するのが相当である(*2-1)……。

以上によれば，資産の低額譲渡が行われた場合には，譲渡時における当該資産の適正な価額をもって法人税法22条2項にいう資産の譲渡に係る収益の額に当たると解するのが相当である(*2-2)。……」

【ワンポイント解説】
　法人税法における収益の計上時期（課税時時期）について判示した判決である。**(＊1－1)** で法人税法22条2項が無償による資産の譲渡も益金を生ずべき収益にあたることを定めていることが示され，**(＊1－2)** でその趣旨が明らかにされている。
　低額譲渡の場合についても法人税法22条2項にいう益金の額に算入すべき収益の額に該当するか否かについて **(＊2)** で判示されている（具体的には **(＊2－1)** で，収益の額に譲渡対価の額のほかに譲渡時における適正な価額との差額が含まれることが示され，したがって，低額譲渡が行われた場合には適正な価額が益金の額に算入すべき収益の額になることが **(＊2－2)** で判示されている）。

memo

67 清水惣事件
（大阪高裁昭和53年3月30日判決・高裁民集31巻1号63頁，ケースブック§322.03）

①寄附金の意義
②寄附金課税の意義・趣旨（法人税法37条2項）
③寄附金該当性の判断基準
④無利息融資における利息相当額

重要度ランク………**B+**

【規範】

「……法37条5項〔注：現行法人税法37条7項〕の規定からみれば，寄付金とは，その名義のいかんを問わず，金銭その他の資産又は経済的利益の贈与又は無償の供与であつて，同項かつこ内所定の広告宣伝費，見本品費，交際費，接待費，福利厚生費等に当たるものを除くもののことである(*1)。寄付金が法人の収益を生み出すのに必要な費用といえるかどうかは，きわめて判定の困難な問題である。もしそれが法人の事業に関連を有しない場合は，明白に利益処分の性質をもつと解すべきであろう。しかし，法人がその支出した寄付金について損金経理をした場合，そのうちどれだけが費用の性質をもち，どれだけが利益処分の性質をもつかを客観的に判定することが至難であるところから，法は，行政的便宜及び公平の維持の観点から，一種のフィクションとして，統一的な損金算入限度額を設け，寄付金のうち，その範囲内の金額は費用として損金算入を認め，それを超える部分の金額は損金に算入されないものとしている（法37条2項）(*2)。したがつて，経済的利益の無償の供与等に当たることが肯定されれば，それが法37条5項かつこ内所定のものに該当しないかぎり，それが事業と関連を有し法人の収益を生み出すのに必要な費用といえる場合であつても，寄付金性を失うことはないというべきである(*3)。

　……本件無利息融資に係る右当事者間において通常ありうべき利率による利息相当額は，被控訴人が，Tからこれと対価的意義を有するものと認められる経済的利益の供与を受けているか，あるいは，営利法人としてこれを受けることなく右利息相当額の利益を手離すことを首肯するに足る何らかの合理的な経済目的等のためにTにこれを無償で供与したものであると認められないかぎり，寄付金として取扱われるべきものであり，それが法37条5項かつこ内所定のものに該当しないかぎり，寄付金の損金不算入の限度で，本件第一，第二事業年度の益金として計上されるべきこととなる(*4)。」

【ワンポイント解説】
 (＊1)で寄附金（現行法人税法37条7項）の意義が示され，(＊2)で法人税法が定める寄附金課税の意義と趣旨が判示されている。
 (＊3)では，寄附金に該当するか否かの判断基準が判示されている。本判決で問題になった無利息融資における利息相当額の問題について，(＊4)で具体的な寄附金該当性の判断基準が判示されている。

memo

68 有限会社柿木荘事件
(東京高裁平成3年2月5日判決・行集42巻2号199頁, ケースブック §322.04)

①遺贈により法人が土地を取得した場合
②遺留分減殺請求があった場合

重要度ランク………B

【規範】
「……遺贈による法人の土地の取得は，法人税法22条2項所定の「無償による資産の譲受け」に当たるものとして当該事業年度の収益となる……(*1)。
　……そして遺留分減殺請求があれば，遺留分を侵害する限度において遺贈はその効力を失うが，受遺者は，現物の返還をするか価額弁償をするかの選択権があり，相当価額の弁償をすることにより，現物返還義務を免れることができる。しかも遺留分減殺請求権を行使するかどうかも遺留分権者の任意である上，行使の時期も時効によって消滅するまで確定的ではない。のみならず，受遺者が価額弁償を選択した場合，弁償を条件として目的物の所有権が確保できる半面，弁償額は観念的には遺留分相当額であっても，現実に弁償すべき額は当事者双方の合意ないしは訴訟等により定まるのであるから，遺贈の効果の発生と遺留分減殺の具体的効果の発生との間に時間の経過が常に存するところ，後者の効果の発生が，相続を原因としてされた課税処分に相続開始時に遡及して影響するものとすると，課税処分の効力を不安定なものとし，客観的に明確な基準に従って迅速に処理することが要請されている課税事務の円滑な遂行を著しく阻害することになる。これに対して，受贈益をいったん相続開始の事業年度における収益として処理するとともに，遺留分減殺請求がされ，これに伴う具体的な受贈益の変動，すなわち具体的に価額弁償の額が決定され，受贈益の減少があった場合に，その時点の事業年度において損金として処理することとしても，受遺者の利益を甚しく害するものではない。したがって，右のような処理は，法律的効果の変動とも符合し，具体的な利益の実現状況にも即応するものであって，相当というべきである(*2)。……」

【ワンポイント解説】
　（＊1）で法人が遺贈により土地を取得した場合にそれが「収益」（法人税法22条2項）に該当すること，すなわち「益金」（同法22条1項，2項）に算入されることの根拠が判示されている。また，（＊2）では，遺留分減殺請求がされた場合の事後処理について判示されている。

　法人税法22条1項および2項にいう「益金」は，所得税法でいえば「所得」に相当するものである。そして，所得税法の「所得」概念と同様に，法人税法における「益金」についても，原則として実現した利益のみが所得であるという考え方（実現原則）に立脚し，したがって実現した利益であれば原則としてすべて「益金」に算入するものと解されている（金子宏『租税法（第16版）』273頁参照）。なお，「無償による資産の譲受け」については，通常の対価よりも低い対価で行われた取引（いわゆる低額譲受け）も該当するかという問題がある（同274頁参照。いわゆる低額譲渡については，最高裁平成7年12月19日判決【66】を参照）。

memo

69 東光商事株式会社事件
（最高裁大法廷昭和43年11月13日判決・民集22巻12号2449頁，ケースブック §323.03）

判例に登場する論点 どこで使う規範？
①損金の意義
②損金の範囲
③違法な支出と損金

重要度ランク………B

【規範】

「……ここにいう損金とは，一般的には，法人の純資産の減少をきたすべき損失を指すもので，例えば，（1）当該事業年度の収益に対応する売上原価，完成工事原価その他これらに準ずる原価，（2）直接には収益に対応しないその事業年度中の販売費，一般管理費（償却費以外の費用で当該事業年度終了の日までに債務の確定しないものを除く。），（3）当該事業年度の損失の額で資本等取引以外の取引に係るもの等は，いずれも当該事業年度の損金の額に算入されるべきものであろう（現行法人税法22条3項参照）(＊1)。しかし，だからといつて，法人の純資産減少の原因となる事実のすべてが，当然に，法人所得金額の計算上，損金に算入されるべきものとはいえないのであつて，例えば，資本取引と呼ばれる「資本の払戻し」のごときは，純資産減少の原因となる事実であつても，法人所得金額の計算上は損金には含まれないというべきであり，また，いわゆる「利益の処分」のごときも，年度ごとの所得額が算定され，課税された後にはじめて可能となるものであるから，所得額算定の要素としての損金に含まれないことはいうまでもない(＊2)。

右に説示したように，「資本の払戻し」や「利益の処分」以外において純資産減少の原因となる「事業経費」は，原則として，損金となるものというべきであるが，仮りに，経済的・実質的には事業経費であるとしても，それを法人税法上損金に算入することが許されるかどうかは，別個の問題であり，そのような事業経費の支出自体が法律上禁止されているような場合には，少なくとも法人税法上の取扱いのうえでは，損金に算入することは許されないものといわなければならない(＊3)。」

【ワンポイント解説】
 (＊1) で損金（現行法人税法22条1項）の意義が判示され，(＊2) でその範囲が示されている。
 (＊3) では，法律上許されない違法な支出については，法人税法にいう損金として算入することは許されない旨が判示されている。本判決で問題となった株主優待金（会社に利益がなく，株主総会決議を経ていないにもかかわらず約定に基づき約定の利率により算出した金員を株主に定期的に支払うもの）が損金にはあたらないことを導く規範部分（一般原則）になっている。

memo

70 株式会社エス・ヴイ・シー事件
（最高裁平成6年9月16日決定・刑集48巻6号357頁，ケースブック§323.03）

判例に登場する論点 どこで使う規範？
①法人税法22条3項の意義（公正妥当な会計基準）
②架空の経費の計上

重要度ランク………B+

【規範】

「　法人税法は，内国法人の各事業年度の所得の金額の計算上当該事業年度の損金の額に算入すべき金額は，別段の定めがあるものを除き，売上原価等の原価の額，販売費，一般管理費その他の費用の額，損失の額で資本等取引以外の取引に係るものとし（22条3項），これらの額は，一般に公正妥当と認められる会計処理の基準（以下「公正処理基準」という。）に従って計算されるものとしている（同条4項）(＊1)。……この場合，架空の経費を計上して所得を秘匿することは，事実に反する会計処理であり，公正処理基準に照らして否定されるべきものであるところ，右手数料は，架空の経費を計上するという会計処理に協力したことに対する対価として支出されたものであって，公正処理基準に反する処理により法人税を免れるための費用というべきであるから，このような支出を費用又は損失として損金の額に算入する会計処理もまた，公正処理基準に従ったものであるということはできないと解するのが相当である(＊2)。……」

【ワンポイント解説】
　（＊１）で，法人税法22条３項にいう公正妥当な会計基準についての説明がなされている。（＊２）で，架空の経費を計上することに協力した者に対して支払った手数料は，公正妥当な会計基準に従ったものではないので損金として認められないことが判示されている。考え方としては違法な支出を損金として認めない最高裁大法廷昭和43年11月13日判決【69】と同旨といえる。

memo

71 牛久市売上原価見積事件
（最高裁平成16年10月29日判決・刑集58巻7号697頁，ケースブック §324.01）

判例に登場する論点
どこで使う規範？

①売上原価の判断基準（法人税法22条3項1号）

重要度ランク……… B

【規範】

「 前記1の認定事実及び記録によれば，（1）牛久市は，都市計画法上の同意権を背景として，被告会社に対し本件改修工事を行うよう求めたものであって，被告会社は，事実上その費用を支出せざるを得ない立場に置かれていたこと，（2）同工事の内容等は，牛久市側の方針の変更に伴い変遷しているものの，被告会社が支出すべき費用の額は，終始第1案の工費に相当する金額であったこと，（3）被告会社は，昭和62年9月ころに建設会社にこれを見積もらせるなど，同年9月末日までの時点において既にその支出を見込んでいたこと，などが明らかである。これらの事実関係に照らすと，当期終了の日である同年9月末日において，被告会社が近い将来に上記費用を支出することが相当程度の確実性をもって見込まれており，かつ，同日の現況によりその金額を適正に見積もることが可能であったとみることができる。このような事情がある場合には，当該事業年度終了の日までに当該費用に係る債務が確定していないときであっても，上記の見積金額を法人税法22条3項1号にいう「当該事業年度の収益に係る売上原価」の額として当該事業年度の損金の額に算入することができると解するのが相当である(＊1)。」

【ワンポイント解説】

　法人税法22条3項1号は「当該事業年度の収益に係る売上原価」等が，法人の当該事業年度の損金に該当する旨を定めている。本判決は，当該事業年度終了の日までに債務が確定していない費用でも，この売上原価にあたるかが争われた事案である。事例判決のかたちをとっており，一般的な規範が示されているわけではない。

　しかし，(1)～(3)で挙げられた事実を考慮したうえで「当期終了の日である同年9月末日において，被告会社が近い将来に上記費用を支出することが相当程度の確実性をもって見込まれており，かつ，同日の現況によりその金額を適正に見積もることが可能であったとみることができる」という理由から「売上原価」の該当性が判断されている（＊1）。ここにその判断基準（確実性や適正性）を読み取ることができる。その意味で参考になる判例である。

memo

72 株式会社ケーエム事件
（山口地裁昭和56年11月5日判決・行集32巻11号1916頁，ケースブック §324.02）

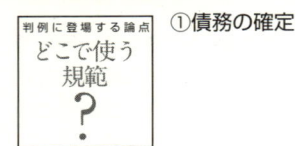

判例に登場する論点：①債務の確定

どこで使う規範？

重要度ランク………B

【規範】

「……原告が損金計上した右取付費用が法人税法22条3項1号，2号のいずれに該当するものであるかはともかく，そのいずれであるにしても，右取付費用は当該事業年度終了の日までに債務として確定していなければならないのであり（法人税法22条3項2号，法人税基本通達2−1−4〔注：当時〕参照），そして右債務の確定ありといいうるためには，当該事業年度の終了の日までに，（1）債務が成立していること，（2）当該債務に基づいて具体的な給付をすべき原因となる事実が発生していること，（3）金額を合理的に算定できること，という三つの要件を全て充たしていなければならない（法人税基本通達2−1−15〔注：当時。現行法人税基本通達2−2−12〕参照）と解するのが相当である[*1]。」

【ワンポイント解説】
　法人が支出した商品の取付費用について，法人税法上の損金として計上するために必要な「債務の確定」があったといえるかが，法人税基本通達の３つの要件を基準に検討が行われている（＊１）。
　現行法人税基本通達においても２－２－12で同旨の要件が定められている。現行法人税法では22条３項２号の販管費その他の費用に該当するためには，当該事業年度終了の日までに「債務の確定」があることが要件となっている（売上原価を定めた法人税法22条３項１号の要件と比較参照されたい。最高裁平成16年10月29日判決【71】参照）。

memo

73 興銀事件
（最高裁平成16年12月24日判決・民集58巻9号2637頁，ケースブック §324.04）

判例に登場する論点
どこで使う規範
？

① 貸倒損失における回収不能要件
② ①の判断基準

重要度ランク………A

【規範】
「……法人の各事業年度の所得の金額の計算において，金銭債権の貸倒損失を法人税法22条3項3号にいう「当該事業年度の損失の額」として当該事業年度の損金の額に算入するためには，当該金銭債権の全額が回収不能であることを要すると解される(*1)。そして，その全額が回収不能であることは客観的に明らかでなければならないが(*2-1)，そのことは，債務者の資産状況，支払能力等の債務者側の事情のみならず，債権回収に必要な労力，債権額と取立費用との比較衡量，債権回収を強行することによって生ずる他の債権者とのあつれきなどによる経営的損失等といった債権者側の事情，経済的環境等も踏まえ，社会通念に従って総合的に判断されるべきものである(*2-2)。」

【ワンポイント解説】

本判決は，約3000億円の国税が還付された最高裁判決であり（法人税の課税処分を取り消した判決として，過去最高の還付額だといわれている），実務上インパクトのあった事件である。

本判決では，**（＊1）**で，貸倒損失が法人税法上の損金に該当するための要件が判示されている。具体的には，法人税法22条3項3号にいう「当該事業年度の損失の額」として当該事業年度の損金の額に算入するためには，当該金銭債権の全額が回収不能であることを要することが判示されている（債権の一部が回収不能では足りないということ）。そして，**（＊2）**では，全額が回収不能であることは客観的に明らかでなければならないこと**（＊2−1）**，そのようにいえるためには，債務者側の事情のみならず，債権者側の事情も考慮すべきこと**（＊2−2）**が判示されている。考慮事由**（＊2−2）**については，さまざまな要素を総合考慮する基準として挙げられているため，あてはめをする前提で学習を深めることが求められる。

memo

74 日本総合物産事件

（東京高裁昭和54年10月30日判決・訟務月報26巻2号306頁、ケースブック §324.05）

①詐欺行為による被害の額と損金
②損失と損害賠償債権の両建ての可否

重要度ランク………**B+**

【規範】

「……詐欺行為に因る被害の額は、盗難、横領による被害の場合と同じく、財産を不法に領得されたことに因る損害として、法人税法第22条第3項第3号にいう損失の額に該当するものと解すべきであり、右不法行為の被害者として法人が損害賠償請求権の行使によつて取得すべき金額は、同法同条第2項の資本等取引以外のものに係る収益の額に該当するものと解されるところ、法人税法は、原判決の説示するように、期間損益決定のための原則として、発生主義のうち権利確定主義をとり、益金についてはその収受すべき権利の確定の時、損金については履行すべき義務の確定した時を、それぞれの事業年度帰属の基準にしているものと解せられるが、その権利の発生ないし義務の確定については、権利、義務の発生からその満足ないし履行済に至るまで、種々の時点をもつて考えることができ、そのいずれをもつて妥当とすべきかについては、見解の分れるところであるけれども、帰するところ、権利の発生、義務の確定が具体的となり、かつ、それが社会通念に照らして明確であるとされれば足り、これをもつて十分であると解すべきである(＊1−1)。従つて、当事者の刑事上の訴追、或いは損害賠償等民事上の権利行使がなされたとしても、それは権利の発生、義務の確定を認定する一資料とされるとしても、直接それとの関係を有するものではないし、また、被控訴人の主張するように、刑事判決ないし民事判決が確定しなければならないものではないのである(＊1−2)。

　しかして、所得金額を計算するにあたり、同一原因により収益と損失が発生しその両者の額が互に時を隔てることなく確定するような場合に、便宜上　両者の額を相殺勘定して残額につき単に収益若しくは損失として計上することは実務上許されるとしても、益金、損金のそれぞれの項目につき金額を明らかにして計上すべきものとしている制度本来の趣旨からすれば、収益及び損失はそれが同一原因によつて生ずるものであつても、各個独立に確定すべきことを原則とし、従つて、両者互に他方の確定を待たなければ当該事業年度における確

定をさまたげるという関係に立つものではないと解するのが相当である(＊2)。
……」

【ワンポイント解説】
　詐欺によって被った損害とこれを回復するための損害賠償請求権がある場合に，前者については法人税法22条3項3号にいう「損失」にあたり，後者についてはその権利の発生の確定が具体的になり，社会通念上明確になれば「益金」にあたることが，(＊1) で判示されている（具体的には，(＊1－1) でこの法理が確認され，(＊1－2) で刑事判決や民事判決での確定まで要するものではないことが判示されている）。
　また，(＊2) で，損失と損害賠償債権の両建てによる相殺勘定の可否が，法人税法が益金と損金のそれぞれについて金額を明らかにして計上すべきことを定めた制度本来の趣旨から判示されている。

memo

75 太陽物産売上値引事件
（東京高裁平成4年9月24日判決・行集43巻8＝9号1181頁，ケースブック§325.02）

判例に登場する論点
どこで使う規範
？

①寄附金の意義（法人税法37条）
②寄附金に該当しない場合

重要度ランク………A

【規範】
「 法人税法37条は，どのような名義をもってするものであっても，法人が金銭その他の資産又は経済的な利益の贈与又は無償の供与をした場合には，広告宣伝及び見本品の費用その他これに類する費用等とされるものを除いて，これを寄付金として扱い，その価額については，一定の損金算入限度額をこえる部分を，その法人の所得の金額の計算上損金の額に算入しないものとしている（同条2項〔注：現行法1項〕及び6項〔注：現行法7項〕）。すなわち，広告宣伝費や見本品の費用といったいわゆる営業費用として支出されるものを除いて，法人のする第三者のための債権の放棄，免除や経済的利益の無償の供与については，その価額を寄付金として扱うべきものとしているのである(＊1)。

　もっとも，例えば，法人が第三者に対して債権の放棄等を行う場合であっても，その債権の回収が不能であるのにこれを放棄するというのではなく，その回収が不能であるためにこれを放棄する場合や，また，法人が第三者のために損失の負担を行う場合であっても，その負担をしなければその者との密接な関係からして逆により大きな損失を被ることが明らかであるため，やむを得ずその負担を行うといった場合，その経済的利益の供与につき経済取引として十分首肯し得る合理的理由がある場合には，実質的にみると，これによって相手方に経済的利益を無償で供与したものとはいえないこととなるから，これを寄附金として扱うことは相当でないものと考えられる(＊2)。」

【ワンポイント解説】
　法人税法上は，無償の利益の供与を与えた法人は寄附金として（損金算入限度を超える部分は）課税がされる（法人税法37条）。この点について，**（＊1）**で条文を引きながら説明がなされている。
　もっとも，例外的に「その経済的利益の供与につき経済取引として十分首肯し得る合理的理由がある場合」には，実質的にこれをみて寄附金にはあたらないことが**（＊2）**で判示されている。

memo

76 PL農場事件
（大阪高裁昭和59年6月29日判決・行集35巻6号822頁，ケースブック§325.03）

①「収益」の判断基準（法人税法22条2項）
②租税回避行為の否認
③低額譲渡と寄附金

重要度ランク………　B+

【規範】

「　法人税法22条2項の収益の額を判断するに当つて，その収益が契約によつて生じているときは，法に特別の規定がない限り，その契約の全内容，つまり特約をも含めた全契約内容に従つて収益の額を定めるべきものである。もし，契約のうち，民法等に定めのない特別の約定の部分を全て省いて収益の額を判断するというのでは，実質的には収益がないのに課税が行われ，あるいは実質的には収益があるのに課税が行えないという不合理が生ずるであろう(*1)。……

　……租税回避の目的で行われた取引行為であつても，どの限度でこれを否認できるかは，法の明文の規定，租税法の一般原則や解釈に従つて行われるべきもので，租税回避行為であるだけの理由でその効果を全て否定できるものではない(*2)。……

　低額譲渡があつた場合には，その差額部分にも収益があり，それが譲受人に実質的に贈与されたものとする法人税法22条2項，37条6項〔注：現行法人税法37条8項〕は，譲渡人が譲渡価額よりもより高価に譲渡できるのに，経済人としては不合理にも，それよりも低額に譲渡した場合に適用されるのであつて，譲渡価額よりも高額に譲渡できる利益，権利，地位を有していなかつたときは，より高額に譲渡しなかつたからといつて，自己の有していたところを不当にも低く譲渡したとして同法37条6項を適用することはできない(*3)。……」

【ワンポイント解説】
　(＊1) では，法人税法22条2項にいう「収益」を判断する際の基準が判示されている。(＊2) では，租税回避という理由だけで否認を行うことはできないとの大原則が説示されている。(＊3) では，低額譲渡があった場合に時価と譲渡価額の差額が寄附金とされることを定めた現行法人税法37条8項および7項について，「高額に譲渡できる利益，権利，地位」がなかった場合には適用されないことが判示されている。

memo

77 荒井商事オートオークション事件
(東京高裁平成5年6月28日判決・行集44巻6=7号506頁,ケースブック §325.04)

判例に登場する論点
どこで使う規範
?

①交際費の意義(租税特別措置法62条3項)
②交際費の趣旨
③交際費の要件(判断基準)

重要度ランク……… **B+**

【規範】

「 ……租税特別措置法62条3項は「交際費等とは,交際費,接待費,機密費その他の費用で,法人が,その得意先,仕入先その他事業に関係ある者等に対する接待,供応,慰安,贈答その他これらに類する行為のために支出するもの(専ら従業員の慰安のために行われる運動会,演芸会,旅行等のために通常要する費用その他政令で定める費用を除く。)をいう。」と規定しており**(＊1)**,また,交際費等が,一般的にその支出の相手方及び支出の目的からみて,得意先との親睦の度を密にして取引関係の円滑な進行を図るために支出するものと理解されているから**(＊2)**,その要件は,第一に支出の相手方が事業に関係のある者であること,第二に支出の目的がかかる相手方に対する接待,供応,慰安,贈答その他これらに類する行為のためであること,にあるというべきである**(＊3)**。」

【ワンポイント解説】
　本判決では，交際費の意義および要件（判断基準）が判示されている。具体的には，**（＊1）**で措置法の条文を拾いながら定義が示され，**（＊2）**でその趣旨が，**（＊3）**でその要件（判断基準）が判示されている。措置法の条文が必要になる部分ではあるが，実務的には重要である。金子宏ほか『ケースブック租税法（第3版)』でも紹介されているため，学習上も重要になる部分であろう。
　なお，交際費の判断基準については，その後，本判決の「2要件説」ではなく，「3要件説」を採用したものがあらわれている（萬有製薬事件・東京高裁平成15年9月9日判決・判時1834号28頁，同書544頁）。同判決では，「①「支出の相手方」が事業に関係する者等であり，②「支出の目的」が事業関係者等との間の親睦の度を密にして取引関係の円滑な進行を図ることであるとともに，③「行為の態様」が接待，供応，慰安，贈答その他これらに類する行為であること，の3要件を満たすことが必要である」と判示されている。

memo

78 行田電線株式会社事件
（最高裁昭和43年5月2日判決・民集22巻5号1067頁，ケースブック§ 324.05）

①繰越欠損金の意義・趣旨
②合併の場合

重要度ランク………B

【規範】
「……おもうに，欠損金額の繰越控除とは，いわば欠損金額の生じた事業年度と所得の申告をすべき年度との間における事業年度の障壁を取り払つてその成果を通算することにほかならない。これを認める法9条5項の立法趣旨は，原判決の説示するように，各事業年度毎の所得によつて課税する原則を貫くときは所得額に変動ある数年度を通じて所得計算をして課税するのに比して税負担が過重となる場合が生ずるので，その緩和を図るためにある(*1)。されば，欠損金額の繰越控除は，それら事業年度の間に経理方法に一貫した同一性が継続維持されることを前提としてはじめて認めるのを妥当とされる性質のものなのであつて，合併会社に被合併会社の経理関係全体がそのまま継続するものとは考えられない合併について，所論の特典の承継は否定せざるをえない。……結局，合併による欠損金額の引継，その繰越控除の特典の承継のごときは，立法政策上の問題というべく，それを合理化するような条件を定めて制定された特別な立法があつてはじめて認めうるものと解するのが相当であり，所論の商法103条，法3条の規定も，右のように解するのにつきなんら妨げとなるものではない(*2)。……」

【ワンポイント解説】
　（＊1）で，欠損金の繰越控除（繰越欠損金）の意義および立法趣旨が判示されている。こうした立法趣旨を受けて，**（＊2）**で，合併があったとしても（旧商法103条（現行会社法750条1項等）に包括承継と定められているとしても），特別な法の定めがない限り，そのことを理由に被合併会社の欠損金の繰越控除がそのまま承継されるものではないことが判示されている。
　なお，現行法人税法のもとでは，適格合併であれば，一定の要件のもとで被合併法人に繰越欠損金が承継される場合がある（法人税法57条2項）。もっともこれは本判決にいう「特別な立法」であって，同要件を満たさない限りは，本判決で判示された原則どおり繰越欠損金の承継はされないことになる（金子宏ほか『ケースブック租税法（第3版）』547頁参照）。

memo

79 南九州コカコーラ・ボトリング株式会社事件
（最高裁平成21年7月10日判決・民集63巻6号1092頁，ケースブック§330.02）

判例に登場する論点
①税額控除の趣旨（法人税法68条1項）
②法人税法68条3項の意義および適用範囲

重要度ランク………**B**

【規範】

「……<u>所得税額控除の制度について定める法人税法68条1項は，内国法人が支払を受ける利子及び配当等に対し法人税を賦課した場合，当該利子及び配当等につき源泉徴収される所得税との関係で同一課税主体による二重課税が生ずることから，これを排除する趣旨で，当該利子及び配当等に係る所得税の額を当該事業年度の所得に対する法人税の額から控除する旨規定している</u>**(＊1)**。

　もっとも，同条3項は，同条1項の規定は確定申告書に同項の規定による控除を受けるべき金額及びその計算に関する明細の記載がある場合に限り適用するものとし，この場合において，同項の規定による控除をされるべき金額は，当該金額として記載された金額を限度とする旨規定している**(＊2−1)**。なお，同法40条は，同法68条1項の規定の適用を受ける場合には，同項の規定による控除をされる金額に相当する金額は，当該事業年度の所得の計算上，損金の額に算入しない旨規定している（平成14年法律第79号による改正前においても同様である。）。

　これらの規定に照らすと，<u>同条3項は，納税者である法人が，確定申告において，当該事業年度中に支払を受けた配当等に係る所得税額の全部又は一部につき，所得税額控除制度の適用を受けることを選択しなかった以上，後になってこれを覆し，同制度の適用を受ける範囲を追加的に拡張する趣旨で更正の請求をすることを許さないこととしたもの</u>と解される**(＊2−2)**。」

【ワンポイント解説】
　（＊１）で，所得税額の控除を定めた法人税法68条１項の趣旨（二重課税の排除）が判示されている。
　また，（＊２）では，同条３項の意義および適用範囲が判示されている（具体的には，（＊２－１）で意義が，（＊２－２）で適用範囲が明らかにされている）。具体的な事案では，（＊２－２）で判示されている「選択」の意思があったか否かを検討すべきことになる。
　本判決では，「所得税額控除制度の適用を受けることを選択する意思」が「確定申告書の記載からも見て取れる」として更正の請求（国税通則法23条１項１号）の要件を満たすと判示されている。

memo

第3編 法人税　IV　同族会社の特例

80　南日本高圧コンクリート株式会社事件
（福岡高裁宮崎支部昭和55年9月29日判決・行集31巻9号1982頁，ケースブック §340.02）

①同族会社の行為計算否認の意義および趣旨（法人税法132条1項）
②同族会社の行為計算否認の判断基準

判例に登場する論点　どこで使う規範　？

重要度ランク………**B+**

【規範】

「……法人税法132条1項は，同族会社の行為，計算に関し「法人税の負担を不当に減少させる結果となると認められるものがあるとき」には，税務署長の認めるところにより，その法人の法人税の課税標準もしくは欠損金額又は法人税の額を計算することができるというものであるが(*1-1)，右規定は法人の選択した行為，計算が実在し私法上有効であつても，いわゆる実質課税の原則及び租税負担公平の原則の見地から，これを否認し，通常あるべき行為，計算を想定し，これに従い税法を適用しようとするものであることにかんがみれば(*1-2)，「法人税の負担を不当に減少させる結果になる」と認められるか否かは，専ら経済的実質的見地において，法人の行為，計算が経済人の行為として不合理，不自然なものと認められるかどうかを基準として判断すべきものである。これを法人の製品販売の行為，計算についてみれば，その販売価額が通常の販売価額（時価）に比し異常に低価であつて，経済的取引としては不合理，不自然と認められるかどうかがその判断基準とされるべきである(*2)。」

【ワンポイント解説】
　法人税法132条には，いわゆる同族会社の行為計算否認の規定が定められている。同族会社の行為計算否認の規定は，税務署長が同法1項所定の法人（同族会社等）に係る法人税について更正処分や決定処分を行う場合において，これを容認した場合には「法人税の負担を不当に減少させる結果となると認められるものがあるとき」に，その行為または計算にかかわらず，税務署長が認める課税標準もしくは欠損金額または法人税の額を計算することができるというものである（法人税法132条1項）。同様の規定は，他の税法にも同様の規定がある（所得税法157条1項，相続税法64条1項，地方税法72条の43第1項等）。租税回避に対する一般的な否認規定（租税回避だからという理由で否認（課税）できる定め）は日本の税法には存在しないが（そこで個々の税法の解釈適用を活用し課税庁はさまざまな工夫をこらし，これに対して納税者は租税法律主義の観点から裁判で争うことになるものが多い），同族会社の行為計算否認規定は，どちらかというと一般規定に近い位置づけのものといえる（金子宏『租税法（第16版）』119頁）。したがって安易な適用は許されるべきではなく，実務上もごく例外的な場合に限り適用されるのが実情である。
　(＊1) で同族会社の行為計算否認（法人税法132条1項）の意義が判示されている。具体的には，(＊1－1) で同制度の意義が，(＊1－2) で同制度の趣旨が示されている。「法人税の負担を不当に減少させる結果になる」というのは抽象的な要件だが，これを具体的な基準として明らかにされているのが (＊2) である。この点，金子宏先生は，同族会社の行為計算否認の規定の適用に関する判断基準については，判例上2つの傾向があると分析されている。①「非同族会社では通常なしえないような行為・計算，すなわち同族会社なるがゆえに容易になしうる行為・計算がこれにあたる，と解する傾向」と，②「純経済人の行為として不合理・不自然な行為・計算がこれにあたると解する傾向」である（金子・同書421頁）。
　なお，「不当に減少させる」という抽象的な定めが租税法律主義（課税要件明確主義）には違反しないことが判示されたものに，札幌高裁昭和51年1月13日判決【6】がある。

memo

81 株式会社塚本商店事件
（最高裁昭和48年12月14日判決・訟務月報20巻6号146頁，ケースブック§340.03）

①同族会社の行為計算否認の効果（法人税法132条）

重要度ランク………B+

【規範】

「 法人税法132条に基づく同族会社等の行為計算の否認は，当該法人税の関係においてのみ，否認された行為計算に代えて課税庁の適正と認めるところに従い課税を行なうというものであつて，もとより現実になされた行為計算そのものに実体的変動を生ぜしめるものではない(*1-1)。したがつて，本件法人税に関する原判示第一次更正処分において上告人の行為計算が否認され，その否認額が上告人から甲に対する役員賞与として上告人の益金に算入されたとしても，Aに対する所得税の関係にはなんら影響を及ぼすものではなく，同人の所得税に関して行なわれた原判示徴収処分は，右第一次更正処分とはかかわりなく，所得税法によつて法律上当然に確定した源泉徴収義務についてその履行を求めるものであると解すべきである(*1-2)。……」

【ワンポイント解説】

　本判決では，同族会社の行為計算否認の規定が適用された場合の効果が判示されている。具体的には，(＊1－1)で，同族会社の行為計算否認が適用された場合の効果の一般論が判示され，(＊1－2)で本判決で問題になった事案についての具体的な効果が判示されている。同族会社の行為計算否認の規定については，福岡高裁宮崎支部昭和55年9月29日判決【80】とあわせて，(＊1－1)を押えておきたい。

　同族会社の行為計算否認の規定については，通常なしえないような行為（正常とはいいがたい行為で，同族会社でなければできないような行為）によって同族会社間での税額を不当に減少する行為を否認するもので，その趣旨は税負担の公平維持（同族会社ではない法人との間の公平）にあると解されている（金子宏『租税法（第16版）』420頁参照）。正常な行為・計算に引き直す権限が税務署長に認められているが，あくまで当該税額の計算を行うにあたって認められた引き直しに過ぎないから，私法上の行為や取引に影響を与えるものではない（実際に行われた私法上の契約や取引の効力を否定するものではない）し，他の税法関係に影響を及ぼすものでもないと解されている。

memo

82 株式会社エス・アンド・テイー事件
（東京地裁平成元年4月17日判決・訟務月報35巻10号2004頁，ケースブック§340.04）

①所得税法における行為計算否認規定の適用

重要度ランク………B

【規範】

「……ところで，その所有する貸ビル及び貸駐車場の管理を法人税法2条10号に所定の同族会社である不動産管理会社に委託している者が支払つた管理料について，それが所得税法157条に基づく行為計算の否認の対象となるか否かを判断し，また，否認すべきものとした場合における適正な管理料を計算するためには，右のような同族関係にない不動産管理会社に同規模程度の貸ビル又は貸駐車場の管理を委託している同業者が当該不動産管理会社に支払つた管理料の金額の賃貸料収入の金額に対する割合との比準の方法によつて，通常であれば支払われるであろう標準的な管理料の金額を算出し，これと現実の支払管理料の金額とを比較検討することが，合理的な方法であるものと解すべきである(*1)。」

【ワンポイント解説】
　本判決では，①所得税法157条が定める同族会社の行為計算否認の対象になるか否か，②対象になるとした場合における適正な計算方法はどう考えるべきか，という２つの問題について，判断基準が判示されている（＊１）。この判断要素をみていくと，ひとことでいえば同族関係にない会社であればどうであったかとの比較をするというものである。これは，同族会社は少数の株主や社員によって支配されているため，同族会社でない法人に比べ，同族会社の行為計算否認の規定が，同族会社でなければ行いえないような行為・計算が行われやすいことから定められた趣旨にも沿うものといえる。
　本判決は不動産会社に委託している者が支払った管理委託料の計算が問題とされているが，他の事案においても本判決が採用した判断基準（同族関係にない会社であればどうであったかをさまざまな要素について比較検討する）は参考になるであろう。

memo

83 共同相続立木譲渡事件
(最高裁昭和39年10月22日判決・民集18巻8号1762頁, ケースブック§213.05)

①申告納税制度の意義
②申告の錯誤無効

重要度ランク………**B+**

【規範】
「……そもそも所得税法〔注：昭和37年国税通則法制定による改正前〕が右のごとく、申告納税制度を採用し、確定申告書記載事項の過誤の是正につき特別の規定を設けた所以は、所得税の課税標準等の決定については最もその間の事情に通じている納税義務者自身の申告に基づくものとし、その過誤の是正は法律が特に認めた場合に限る建前とすることが、租税債務を可及的速かに確定せしむべき国家財政上の要請に応ずるものであり、納税義務者に対しても過当な不利益を強いる虞れがないと認めたからにほかならない(＊1)。従って、確定申告書の記載内容の過誤の是正については、その錯誤が客観的に明白且つ重大であつて、前記所得税法の定めた方法以外にその是正を許さないならば、納税義務者の利益を著しく害すると認められる特段の事情がある場合でなければ、所論のように法定の方法によらないで記載内容の錯誤を主張することは、許されないものといわなければならない(＊2)。」

【ワンポイント解説】

（＊１）では，申告納税制度の趣旨が判示されている。「そもそも所得税法が右のごとく，申告納税制度を採用し」という判示のまえには，【規範】では引用を省略したが，次の判示がなされている。「所得税法は、いわゆる申告納税制度を採用し（23条〔注：現行国税通則法17条〕，26条参照）、且つ、納税義務者が確定申告書を提出した後において、申告書に記載した所得税額が適正に計算したときの所得税額に比し過少であることを知つた場合には、更正の通知があるまで、当初の申告書に記載した内容を修正する旨の申告書を提出することができ（27条１項〔注：現行国税通則法19条〕参照）。また確定申告書に記載した所得税額が適正に計算したときの所得税額に比し過大であることを知つた場合には、確定申告書の提出期限後１ケ月間〔注：現行法では１年〕を限り、当初の申告書に記載した内容の更正の請求をすることができる（同条６項〔注：現行国税通則法23条１項〕参照）、と規定している。」（条文はいずれも国税通則法）このこの判示が，申告納税制度の内容を表している。

こうした申告納税制度の趣旨をを受けて，（＊２）では，確定申告の内容に錯誤があった場合でも，「錯誤が客観的に明白かつ重大」などの「特段の事情」がない限り，錯誤無効の主張をすることは許されないことが判示されている。一般的には民法95条の要件を満たす限り錯誤無効が認められるにもかかわらず，申告については錯誤無効が原則として認められないのは，更正をされた場合にはもとに戻せばいいという安易な考えで過少な申告がなされることを防止する意味合いが強いと考えられる。

memo

84 ストック・オプション「正当な理由」事件
（最高裁平成18年10月24日判決・民集60巻8号3128頁）

判例に登場する論点
どこで使う規範？

①過少申告加算税の意義
②国税通則法65条4項の「正当な理由」

重要度ランク………**B+**

【規範】

「　過少申告加算税は，過少申告による納税義務違反の事実があれば，原則としてその違反者に対して課されるものであり，これによって，当初から適正に申告し納税した納税者との間の客観的不公平の実質的な是正を図るとともに，過少申告による納税義務違反の発生を防止し，適正な申告納税の実現を図り，もって納税の実を挙げようとする行政上の措置である**（＊1）**。この趣旨に照らせば，過少申告があっても例外的に過少申告加算税が課されない場合として国税通則法65条4項が定めた「正当な理由があると認められる」場合とは，真に納税者の責めに帰することのできない客観的な事情があり，上記のような過少申告加算税の趣旨に照らしてもなお納税者に過少申告加算税を賦課することが不当又は酷になる場合をいうものと解するのが相当である（最高裁平成17年（行ヒ）第9号同18年4月20日第一小法廷判決・民集60巻4号1611頁，最高裁平成16年（行ヒ）第86号，第87号同18年4月25日第三小法廷判決・民集60巻4号1728頁参照）**（＊2）**。」

【ワンポイント解説】

　税務調査が行われ，いわゆる追徴課税がなされる場合，当初の確定申告よりも過少な申告をしていたとしてペナルティを課せられるものがほとんどである。これを過少申告加算税といい，原則として本税の10%に相当する税額を課せられる（国税通則法65条１項）。**（＊１）** では，過少申告加算税の意義および趣旨について判示されている。

　また，例外的に過少な申告があっても，過少申告加算税が賦課されない「正当な理由」（国税通則法65条４項）の意義が **（＊２）** で判示されている。

　なお，本判決では，上記規範を前提に，外国法人（親会社）が日本法人（子会社）の役員等に発行したストック・オプションの権利行使益の所得区分について，一時所得として申告した納税者について「正当な理由」があると判示されている。同権利行使益の所得区分は給与所得と解することが最高裁平成17年１月25日判決・民集59巻１号64頁で明らかにされたが（金子宏ほか『ケースブック租税法（第３版）』325頁参照），実際には，一時所得説にも相応の見解があり，課税庁もかつては一時所得説を採用していながら見解の変更を周知していなかったといったことが理由とされた。こうした法解釈の誤りは本来「法の不知は害せず」のはずだが，本判決はこうした特殊な事情があったことから，例外的に「正当な理由」が認められている。

memo

85 委任税理士の脱税事件
（最高裁平成17年1月17日判決・民集59巻1号28頁）

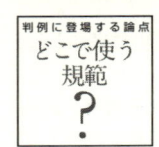

①国税通則法70条5項の適用（委任税理士が脱税をした場合）

重要度ランク………　B−

【規範】
「 国税通則法70条5項の文理及び立法趣旨にかんがみれば，同項は，納税者本人が偽りその他不正の行為を行った場合に限らず，納税者から申告の委任を受けた者が偽りその他不正の行為を行い，これにより納税者が税額の全部又は一部を免れた場合にも適用されるものというべきである(*1)。……」

【ワンポイント解説】
　国税に関する追徴課税は，更正処分（国税通則法24条），決定処分（同法25条），納税告知処分（同法36条）といった行政処分によって行われる。こうした処分がいつまで行えるかについて定めているのが国税通則法70条の規定である。
　本判決では，「偽りその他不正の行為」によって税額を免れた場合には，法定申告期限等から7年間はさかのぼって更正処分等ができることを定めた国税通則法70条5項が，納税者から委任を受けた者（税理士）が偽りその他不正の行為を行った場合にも適用できることが判示されている（＊1）。

memo

確認問題

以下は、これまで学んできた規範を身につけるための確認問題です。それぞれの判決が示した規範について、（　）に適切な語句を記入できるか、腕試しをしてみてください。

確認問題【1】 最高裁大法廷昭和60年3月27日判決

「……租税は，国家が，その課税権に基づき，特別の給付に対する（❶）としてでなく，その経費に充てるための資金を調達する目的をもつて，一定の要件に該当するすべての者に課する金銭給付であるが，およそ民主主義国家にあつては，国家の維持及び活動に必要な経費は，主権者たる国民が共同の費用として代表者を通じて定めるところにより自ら負担すべきものであり，我が国の憲法も，かかる見地の下に，国民がその総意を反映する租税立法に基づいて納税の義務を負うことを定め（30条），新たに租税を課し又は現行の租税を変更するには，法律又は法律の定める条件によることを必要としている（84条）。それゆえ，課税（❷）及び租税の賦課徴収の（❸）は，（❹）で（❺）に定めることが必要であるが，憲法自体は，その内容について特に定めることをせず，これを法律の定めるところにゆだねているのである。思うに，租税は，今日では，国家の（❻）を充足するという本来の機能に加え，所得の（❼），資源の適正配分，（❽）の調整等の諸機能をも有しており，国民の租税負担を定めるについて，財政・経済・社会政策等の国政全般からの総合的な（❾）判断を必要とするばかりでなく，課税要件等を定めるについて，極めて（❿）的な判断を必要とすることも明らかである。したがつて，租税法の定立については，国家財政，社会経済，国民所得，国民生活等の実態についての正確な資料を基礎とする立法府の政策的，技術的な判断にゆだねるほかはなく，裁判所は，基本的にはその（⓫）的判断を尊重せざるを得ないものというべきである。そうであるとすれば，租税法の分野における所得の性質の違い等を理由とする取扱いの区別は，その立法目的が（⓬）なものであり，かつ，当該立法において具体的に採用された区別の態様が右目的との関連で著しく（⓭）であることが明らかでない限り，その（⓮）を否定することができず，これを憲法14条1項の規定に違反するものということはできないものと解するのが相当である。」

【答え】❶反対給付，❷要件，❸手続，❹法律，❺明確，❻財政需要，❼再分配，❽景気，❾政策，❿専門技術，⓫裁量，⓬正当，⓭不合理，⓮合理性

確認問題【2】 最高裁平成4年12月15日判決

「……租税の適正かつ確実な賦課徴収を図るという国家の財政目的のための職業の許可制による規制については，その（❶）性と（❷）性についての立法府の判断が，右の政策的，技術的な（❸）の範囲を（❹）するもので，（❺）なものでない限り，これを憲法22条1項の規定に違反するものということはできない。」

【答え】❶必要，❷合理，❸裁量，❹逸脱，❺著しく不合理

確認問題【3】 最高裁大法廷昭和30年3月23日判決

「　おもうに民主政治の下では国民は国会におけるその代表者を通して，自ら国費を負担することが根本原則であつて，国民はその総意を反映する租税立法に基いて自主的に納税の義務を負うものとされ（憲法30条参照）その反面においてあらたに租税を課し又は現行の租税を（❶）するには，（❷）又は（❸）の定める条件によることが必要とされているのである（憲法84条）。されば日本国憲法の下では，租税を（❹）し，（❺）するのはもとより，納税義務者，課税標準，

徴税の（❻）はすべて前示のとおり（❼）に基いて定められなければならないと同時に（❽）に基いて定めるところに委せられていると解すべきである。」

【答え】❶変更，❷法律，❸法律，❹創設，❺改廃，❻手続，❼法律，❽法律

確認問題【4】 最高裁大法廷平成18年3月1日判決

「　……国又は（❶）が，課税権に基づき，その経費に充てるための資金を調達する目的をもって，特別の給付に対する（❷）としてではなく，一定の要件に該当するすべての者に対して課する金銭給付は，その（❸）のいかんにかかわらず，憲法84条に規定する租税に当たるというべきである。……
　……もっとも，憲法84条は，課税（❹）及び租税の賦課徴収の（❺）が法律で明確に定められるべきことを規定するものであり，直接的には，租税について法律による規律の在り方を定めるものであるが，同条は，国民に対して義務を課し又は権利を制限するには法律の根拠を要するという法原則を租税について厳格化した形で明文化したものというべきである。したがって，国，（❻）等が賦課徴収する租税以外の公課であっても，その（❼）に応じて，（❽）又は（❾）の範囲内で制定された（❿）によって適正な規律がされるべきものと解すべきであり，憲法84条に規定する租税ではないという理由だけから，そのすべてが当然に同条に現れた上記のような法原則のらち外にあると判断することは相当ではない。そして，租税以外の公課であっても，賦課徴収の強制の度合い等の点において（⓫）を有するものについては，憲法84条の（⓬）が及ぶと解すべきであるが，その場合であっても，租税以外の公課は，租税とその（⓭）が共通する点や異なる点があり，また，賦課徴収の目的に応じて多種多様であるから，賦課要件が（⓮）又は（⓯）にどの程度明確に定められるべきかなどその規律の在り方については，当該公課の（⓯），賦課徴収の（⓱），その（⓲）の度合い等を総合考慮して判断すべきものである。」

【答え】❶地方公共団体，❷反対給付，❸形式，❹要件，❺手続，❻地方公共団体，❼性質，❽法律，❾法律，❿条例，⓫租税に類似する性質，⓬趣旨，⓭性質，⓮法律，⓯条例，⓰性質，⓱目的，⓲強制

確認問題【5】 東京高裁平成7年11月28日判決

「　……いわゆる租税法律主義を規定したとされる憲法84条のもとにおいては，租税の（❶）や課税の（❷）のような基本的事項のみでなく，（❸）者，課税（❹）課税（❺），（❻）などの課税（❼）はもとより，（❽），（❾），（❿）の（⓫）もまた，（⓬）により規定すべきものとされており（最高裁大法廷昭和30年3月23日判決民集9巻3号336頁，最高裁大法廷昭和37年2月21日判決刑集16巻2号107頁），租税の（⓭）措置を定める場合や，課税要件として（⓮）的な事項を定める場合も，これを（⓯）により定めることを要するものである。そして，このような憲法の趣旨からすると，法律が租税に関し（⓰）以下の法令に（⓱）することが許されるのは，徴収手続の細目を委任するとか，あるいは，（⓲）的・（⓳）的な場合を限定して（⓴）するなど，（㉑）の本質を損なわないものに限られるものといわねばならない。すなわち，もし仮に手続的な課税要件を定めるのであれば，手続的な事項を課税要件とすること自体は（㉒）で規定し，その上で課税要件となる手続の（㉓）を（㉔）以下に（㉕）すれば足りるのである。……

175

そして，租税法律主義のもとで租税法規を解釈する場合には，ある事項を課税（㉖）として追加するのかどうかについて法律に（㉗）の規定がない場合，通常はその事項は（㉘）ではないと解釈すべきものである。それにもかかわらず，「政令の定めるところによる」との抽象的な（㉙）文言があることを根拠として，解釈によりある事項を（㉚）として追加し，（㉛）以下の法令においてその（㉜）を規定することは，租税関係法規の解釈としては，許されるべきものではない。」

【答え】❶種類, ❷根拠, ❸納税義務, ❹物件, ❺標準, ❻税率, ❼要件, ❽賦課, ❾納付, ❿徴税, ⓫手続, ⓬法律, ⓭優遇, ⓮手続, ⓯法律, ⓰政令, ⓱委任, ⓲個別, ⓳具体, ⓴委任, ㉑租税法律主義, ㉒法律, ㉓細目, ㉔政令, ㉕委任, ㉖要件, ㉗明文, ㉘課税要件, ㉙委任, ㉚課税要件, ㉛政令, ㉜細目

確認問題【6】 札幌高裁昭和51年1月13日判決

「　……法人税法第132条は「法人税の負担を（❶）に（❷）させる結果になると認められるとき」（❸）等の行為計算を（❹）しうる権限を税務署長に付与しているのであるが，右行為計算（❺）の規定が，納税者の選択した行為計算が実在し私法上有効なものであつても，いわゆる租税負担（❻）の原則の見地からこれを否定し，（❼）あるべき姿を想定し，その想定された別の法律関係に税法を適用しようとするものであることにかんがみれば，右の「法人税の負担を（❽）に（❾）させる結果になると認められる」か否かは，もつぱら（❿）的，（⓫）的見地において当該行為計算が純粋（⓬）人の行為として（⓭），（⓮）なものと認められるか否かを基準として判定すべきものと解される。一般に，かかる場合の判定基準は，法律上できる限り（⓯）的，（⓰）的，（⓱）的に規定しておくことが望ましいのではあるが，複雑多岐にして激しく変遷する経済事象に対処しうるような規定を設けることは極めて困難であるから，法人税法が前記程度の規定をおいたにとどまることもやむをえないところであつて，これをもつて，いわゆる租税法律主義を宣明し，租税を創設し改廃するのはもとより，納税義務者，課税標準，納税の手続は，すべて法律に基づいて定められなければならない旨規定する憲法第84条に違反するものということはできない。」

【答え】❶不当, ❷減少, ❸同族会社, ❹否認, ❺否認, ❻公平, ❼通常, ❽不当, ❾減少, ❿経済, ⓫実質, ⓬経済, ⓭不合理, ⓮不自然, ⓯具体, ⓰個別, ⓱一義

確認問題【7】 仙台高裁秋田支部昭和57年7月23日判決

「　思うに，いわゆる租税法律主義とは，行政権が法律に基づかずに租税を賦課徴収することはできないとすることにより，行政権による恣意的な課税から国民を保護するための原則であつて，憲法84条の「あらたに租税を課し，又は現行の租税を変更するには，法律又は法律の定める条件によることを必要とする。」との規定は，この原則を明らかにしたものと解されるが，（❶）に関する憲法92条に照らせば，（❷）の本旨に基づいて行われるべき地方公共団体による（❸）税の賦課徴収については，住民の代表たる議会の制定した（❹）に基づかずに租税を賦課徴収することはできないという租税（（❺）税）（❻）主義が要請されるというべきであつて，この意味で，憲法84条にいう「法律」には（❼）税についての（❽）を含むものと解すべきであり，（❾）税法3条が「地方団体は，その地方税の税目，課税客体，課税標準，税率

その他賦課徴収について定をするには，当該地方団体の条例によらなければならない。」と定めているのは，右憲法上の要請を確認的に明らかにしたものということができる。そして，右（⑩）税（⑪）主義の下においては，（⑫）税の賦課徴収の直接の根拠となるのは（⑬）であつて，法律ではないことになり，（⑭）税法は（⑮）税の課税の（⑯）を定めたものとして理解される。

　そして，租税法律（（⑰））主義は，行政権の恣意的課税を排するという目的からして，当然に，課税要件のすべてと租税の賦課徴収手続は，法律（（⑱））によつて規定されなければならないという課税要件法定（（⑲））主義と，その法律（（⑳））における課税要件の定めはできるだけ一義的に（㉑）でなければならないという課税要件（㉒）主義とを内包するものというべきである。」

【答え】❶地方自治，❷地方自治，❸地方，❹条例，❺地方，❻条例，❼地方，❽条例，❾地方，❿地方，⓫条例，⓬地方，⓭条例，⓮地方，⓯地方，⓰枠，⓱条例，⓲条例，⓳条例，⓴条例，㉑明確，㉒明確

確認問題【8】 福岡高裁平成20年10月21日判決

「　納税者は，（❶）妥当している租税法規に依拠しつつ，（❷）の法規に従って課税が行われることを信頼しながら各種の取引を行うのであるから，（❸）になってその信頼を裏切ることは，憲法84条が定める租税法律主義が狙いとする一般国民の生活における（❹）性，（❺）性を害することになり，同条の（❻）に反する。したがって，公布の前に完了した行為や過去の事実から生じる納税義務の内容を納税者の不利益に変更することは，憲法84条の（❼）に反するものとして違憲となることがあるというべきである。……

　…納税者に不利益な租税法規の（❽）適用であっても，（❾）適用することに（❿）性があるときは，憲法84条の（⓫）に反し違憲となるものではないというべきである。

　…納税者に不利益な（⓬）適用に（⓭）性があって，憲法84条の（⓮）に反しないものといえるかは，①（⓯）の程度（法的安定性の侵害の程度），②（⓰）適用の（⓱）性，③（⓲）性の有無，程度，④（⓳）適用による実体的不利益の程度，⑤（⓴）的措置の有無，内容等を総合的に勘案して判断されるべきである（……）。」

【答え】❶現在，❷現在，❸後，❹予測可能，❺法的安定，❻趣旨，❼趣旨，❽遡及，❾遡及，❿合理，⓫趣旨，⓬遡及，⓭合理，⓮趣旨，⓯遡及，⓰遡及，⓱必要，⓲予測可能，⓳遡及，⓴代償

確認問題【9】 最高裁大法廷昭和37年2月28日判決

「　……源泉徴収制度は，給与所得者に対する所得税の（❶）方法として（❷）的であり，（❸）的であつて，公共の福祉の要請にこたえるものといわなければならない。…かように源泉徴収義務者の徴税義務は憲法の条項に由来し，公共の福祉によつて要請されるものであるから，この制度は所論のように憲法29条1項に反するものではなく……。

　……租税はすべて最も（❹）的（❺）的な方法によつて（❻）せらるべきものであるから，同じ所得税であつても，所得の種類や態様の異なるに応じてそれぞれにふさわしいような徴税の方法，納付の時期等が別様に定められることはむしろ当然であつて，それ等が一律でないことをもつて憲法14条に違反するということはできない。……法は，給与の（❼）をなす者が給与を受ける者と特に（❽）な関係にあつて，徴税上特別の（❾）を有し，（❿）を挙げ得る点

を考慮して，これを徴税義務者としているのである。この義務が，憲法の条項に由来し，公共の福祉の要請にかのうものであることは，すでに論旨第一について上述したとおりである。かような（⓫）的理由ある以上これに基いて担税者と特別な関係を有する徴税義務者に一般国民と異なる特別の義務を負担させたからとて，これをもつて憲法14条に違反するものということはできない。」

【答え】 ❶徴収，❷能率，❸合理，❹能率，❺合理，❻徴収，❼支払，❽密接，❾便宜，❿能率，⓫合理

確認問題【10】　大阪高裁昭和44年9月30日判決

「　憲法84条は（❶）主義を規定し，（❷）主義の当然の帰結である課・徴税（❸）の原則は，憲法14条の課・徴税の面における発現であると言うことができる。みぎ（❹）主義ないし課・徴税（❺）の原則に鑑みると，特定時期における特定種類の課税物件に対する税率は日本全国を通して（❻）であるべきであつて，同一の時期に同一種類の課税物件に対して賦課・徴収された租税の税率が処分庁によつて異なるときには，少くともみぎ課・徴税処分のいづれか一方は誤つた税率による課・徴税をした（❼）な処分であると言うことができる。けだし，収税官庁は厳格に法規を執行する義務を負つていて，法律に別段の規定がある場合を除いて，法律の規定する課・徴税の要件が存在する場合には必ず法律の規定する課・徴税をすべき義務がある反面，法律の規定する課・徴税要件が存在しない場合には，その課・徴税処分をしてはならないのであるから，同一時期における同一種類の課税物件に対する二個以上の課・徴税処分の税率が互に異なるときは，みぎ二個以上の課・徴税処分が共に正当であることはあり得ないことであるからである。」

【答え】 ❶租税法律，❷租税法律，❸平等，❹租税法律，❺平等，❻均一，❼違法

確認問題【11】　最高裁昭和33年3月28日判決

「　……論旨は，（❶）課税による憲法違反を云為しているが，本件の課税がたまたま所論（❷）を機縁として行われたものであつても，（❸）の内容が（❹）の正しい（❺）に合致するものである以上，本件課税処分は（❻）の根拠に基く処分と解するに妨げがなく，所論違憲の主張は，（❼）の内容が（❽）の定めに合致しないことを前提とするものであつて，採用し得ない。」

【答え】 ❶通達，❷通達，❸通達，❹法，❺解釈，❻法，❼通達，❽法

確認問題【12】　最高裁平成9年11月11日判決

「　物品税法（昭和63年法律第108号により廃止）別表課税物品表第二種の物品7号2には課税物品として小型普通乗用四輪自動車が掲げられているところ，右にいう普通乗用自動車とは，特殊の用途に供するものではない乗用自動車をいい，ある自動車が普通乗用自動車に該当するか否かは，当該自動車の（❶），（❷），（❸）等を（❹）して判定すべきものと解するのが相当

である。」

【答え】 ❶性状，❷機能，❸使用目的，❹総合

確認問題【13】 最高裁平成22年3月22日判決

「 ……一般に，「期間」とは，ある時点から他の時点までの時間的隔たりといった，時的（❶）性を持った概念であると解されているから，施行令322条にいう「当該支払金額の計算期間」も，当該支払金額の計算の基礎となった期間の初日から末日までという時的（❷）性を持った概念であると解するのが自然であり，これと異なる解釈を採るべき根拠となる規定は見当たらない。
　原審は，上記…のとおり判示するが，租税法規はみだりに規定の（❸）を離れて解釈すべきものではなく，原審のような解釈を採ることは，上記のとおり，（❹）上困難であるのみならず，ホステス報酬に係る源泉徴収制度において基礎控除方式が採られた趣旨は，できる限り源泉所得税額に係る還付の手数を省くことにあったことが，立法担当者の説明等からうかがわれるところであり，この点からみても，原審のような解釈は採用し難い。
　そうすると，ホステス報酬の額が一定の期間ごとに計算されて支払われている場合においては，施行令322条にいう「当該支払金額の計算期間の日数」は，ホステスの実際の（❺）日数ではなく，当該期間に含まれる（❻）の日数を指すものと解するのが相当である。」

【答え】 ❶連続，❷連続，❸文言，❹文言，❺稼働，❻すべて

確認問題【14】 最高裁昭和35年10月7日判決

「 おもうに，商法は，取引社会における利益配当の観念（すなわち，損益計算上の利益を株金額の出資に対し株主に支払う金額）を前提として，この配当が適正に行われるよう各種の法的規制を施しているものと解すべきである（……）。そして，所得税法中には，利益配当の概念として，とくに，商法の前提とする，取引社会における利益配当の観念と（❶）観念を採用しているものと認むべき規定はないので，所得税法もまた，利益配当の概念として，（❷）の前提とする利益配当の観念と（❸）観念を採用しているものと解するのが相当である。従って，所得税法上の利益配当とは，必ずしも，（❹）の規定に従って（❺）になされたものにかぎらず，（❻）が規制の対象とし，（❼）の見地からは不適法とされる配当（たとえば蛸配当，株主平等の原則に反する配当等）の如きも，所得税法上の利益配当のうちに含まれるものと解すべきことは所論のとおりである。」

【答え】 ❶異なる，❷商法，❸同一，❹商法，❺適法，❻商法，❼商法

確認問題【15】 最高裁昭和36年10月27日判決

「 ……法律が，匿名組合に準ずる契約としている以上，その契約は，（❶）上の（❷）契約に類似するものがあることを必要とするものと解すべく，出資者が隠れた事業者として事業に参加しその利益の配当を受ける意思を有することを必要とするものと解するのが相当である。

……

　……昭和28年法律173号による所得税法の改正の趣旨，目的が論旨のとおりであつても，いたずらに，法律の用語を（❸）して解釈し，本件契約をもつて同法にいう（❹）契約に準ずる契約と解することはできない。」

【答え】❶商法，❷匿名組合，❸拡張，❹匿名組合

確認問題【16】　東京地裁平成19年4月17日判決

「　……法令において用いられた用語がいかなる意味を有するかを判断するに当たっては，まず，当該（❶）自体及び（❷）法令全体から用語の意味が明確に解釈できるかどうかを検討することが必要である。その上で，なお用語の意味を明確に解釈できない場合には，立法の（❸），（❹），法を適用した結果の（❺）性，（❻）性等の実質的な事情を検討の上，その用語の意味を解釈するのが相当である。
　……所得税法は，「利子」について定義を設けていないものの，租税関係法令の用例にかんがみれば，利息（民法404条等）と（❼）であるといえることから，「利子」とは，元本債権から定期的に一定の割合で発生する法定果実を指すと解される。……
　…まず，税法の解釈において使用される用語の用法が（❽）の用語の用法に反する場合，当該税法が（❾）性を失うことになるため，納税者の（❿）可能性を害し，また，法的（⓫）性をも害することになることからすれば，税法中に用いられた用語が法文上明確に定義されておらず，他の特定の法律からの（⓬）した概念であるともいえない場合であっても，その用語は，特段の事情がない限り，言葉の（⓭）の用法に従って解釈されるべきである。
　…以上検討したところによれば，所得税法161条6号「貸付金（これに準ずるものを含む。）」の「利子」とは，消費貸借契約に基づく貸付債権を基本としつつ，その性質，内容等がこれとおおむね（⓮）ないし（⓯）の債権の利子ということができる。……
　…結局のところ，本件各レポ取引（正確にはこれに基づくエンド取引時における売買代金債権）が所得税法161条6号「貸付金（これに準ずるものを含む。）」に該当するか否かは，本件各レポ取引の（⓰）形式及び（⓱）的効果を踏まえ，本件各レポ取引のエンド取引における売買代金債権が，上述したように，消費貸借契約における貸付債権とその性質，内容等がおおむね（⓲）ないし（⓳）するか否かによって判断するのが相当であると解する。」

【答え】❶法文，❷関係，❸目的，❹経緯，❺公平，❻相当，❼同義，❽通常，❾客観，❿予測，⓫安定，⓬借用，⓭通常，⓮同様，⓯類似，⓰法，⓱経済，⓲同様，⓳類似

確認問題【17】　最高裁平成元年9月14日判決

「　意思表示の動機の錯誤が法律行為の（❶）の錯誤としてその（❷）をきたすためには，その動機が相手方に（❸）されて法律行為の内容となり，もし（❹）がなかったならば表意者がその（❺）をしなかったであろうと認められる場合であることを要するところ（最高裁昭和27年（オ）第938号同29年11月26日第二小法廷判決・民集8巻11号2087頁，……参照），右動機が（❻）的に表示されているときであっても，これが法律行為の内容となることを妨げるものではない。
　本件についてこれをみると，所得税法33条1項にいう「資産の譲渡」とは，（❼）償（❽）

償を問わず（❾）を（❿）させる（⓫）の行為をいうものであり，夫婦の一方の特有財産である（⓬）を（⓭）として他方に（⓮）することが右「資産の譲渡」に当たり，（⓯）所得を生ずるものであることは，当裁判所の判例（最高裁昭和47年（行ツ）第4号同50年5月27日第三小法廷判決・民集29巻5号641頁，……）とするところであり，離婚に伴う（⓰）として夫婦の一方がその特有財産である不動産を他方に（⓱）した場合には，（⓲）者に（⓳）所得を生じたものとして課税されることとなる。したがって，前示事実関係からすると，本件（⓴）契約の際，少なくとも上告人において右の点を誤解していたものというほかはないが，上告人は，その際，（㉑）を受ける被上告人に（㉒）されることを心配してこれを気遣う発言をしたというのであり，記録によれば，被上告人も，自己に（㉓）されるものと理解していたことが窺われる。そうとすれば，上告人において，右（㉔）に伴う（㉕）の点を重視していたのみならず，他に特段の事情がない限り，自己に（㉖）されないことを当然の前提とし，かつ，その旨を（㉗）的には表示していたものといわざるをえない。……」

【答え】❶要素，❷無効，❸表示，❹錯誤，❺意思表示，❻黙示，❼有，❽無，❾資産，❿移転，⓫一切，⓬資産，⓭財産分与，⓮譲渡，⓯譲渡，⓰財産分与，⓱譲渡，⓲分与，⓳譲渡，⓴財産分与，㉑財産分与，㉒課税，㉓課税，㉔財産分与，㉕課税，㉖課税，㉗黙示

確認問題【18】 大阪高裁平成14年7月25日判決

「　……国税通則法23条2項1号にいう「その申告，更正又は決定に係る課税標準等又は税額等の（❶）の基礎となった（❷）に関する訴えについての（❸）により，その（❹）が当該計算の基礎としたところと（❺）ことが（❻）したとき」とは，例えば，不動産の売買があったことに基づき譲渡所得の申告をしたが，後日，売買の効力を争う訴訟が提起され，判決によって売買がなかったことが（❼）した場合のように，税務申告の前提とした（❽）関係が後日（❾）ものであることが（❿）により（⓫）した場合をいうと解されるところ，本件においては，前記のとおり，本件相続開始時には，控訴人らは本件各土地につき所有権を有していたのであり，その点で食い違いはなく，別件判決（……）は国税通則法23条2項1号にいう「（⓬）」には該当（⓭）と解される。
　課税実務上，時効により権利を（⓮）した者に対する課税上の取扱いにつき，時効の（⓯）の時に一時所得に係る収入金額が発生したものとし，時効により権利を（⓰）した者については，それが法人である場合は，時効が（⓱）された時点を基準に時効取得により生じた損失を（⓲）算入する扱いがされているが，正当な取扱いとして是認することができる。」

【答え】❶計算，❷事実，❸判決，❹事実，❺異なる，❻確定，❼確定，❽事実，❾異なる，❿判決，⓫確定，⓬判決，⓭しない，⓮取得，⓯援用，⓰喪失，⓱援用，⓲損金

確認問題【19】 東京高裁平成11年6月21日判決

「　……本件取引に際して，亡HらとYの間でどのような法形式，どのような（❶）類型を採用するかは，両（❷）間の（❸）な（❹）に任されていることはいうまでもないところである。確かに，本件取引の経済的な実体からすれば，本件譲渡資産と本件取得資産との補足金付交換契約という（❺）類型を採用した方が，その実体により適合しており直截であるという感は否

めない面があるが，だからといって，譲渡所得に対する（❻）負担の（❼）を図るという考慮から，より迂遠な面のある方式である本件譲渡資産及び本件取得資産の各別の売買契約とその各売買代金の相殺という法形式を採用することが許されないとすべき根拠はないものといわざるを得ない。

　もっとも，本件取引における（❽）間の（❾）の合意が本件譲渡資産と本件取得資産との補足金付交換契約の合意であるのに，これを（❿）して，契約書の上では本件譲渡資産及び本件取得資産の各別の売買契約とその各売買代金の相殺の合意があったものと（⓫）したという場合であれば，本件取引で亡Ｈらに発生した譲渡所得に対する課税を行うに当たっては，右の（⓬）された（⓭）の合意において採用されている（⓮）類型を前提とした課税が行われるべきことはいうまでもないところである。……」

【答え】❶契約，❷当事者，❸自由，❹選択，❺契約，❻税，❼軽減，❽当事者，❾真，❿隠ぺい，⓫仮装，⓬隠ぺい，⓭真，⓮契約

確認問題【20】　最高裁平成17年12月19日判決

「　……法人税法69条の定める（❶）税額控除の制度は，内国法人が（❷）法人税を納付することとなる場合に，一定の限度で，その（❸）法人税の額を我が国の法人税の額から控除するという制度である。これは，同一の所得に対する（❹）的（❺）課税を排斥し，かつ，事業活動に対する税制の中立性を確保しようとする（❻）目的に基づく制度である。

　……ところが，本件取引は，全体としてみれば，本来は（❼）法人が負担すべき（❽）法人税について我が国の銀行である被上告人が対価を得て引き受け，その負担を自己の（❾）税額控除の余裕枠を利用して国内で納付すべき法人税額を減らすことによって免れ，最終的に利益を得ようとするものであるということができる。これは，我が国の（❿）税額控除制度をその本来の趣旨目的から著しく（⓫）する態様で利用して納税を免れ，我が国において納付されるべき法人税額を減少させた上，この免れた税額を原資とする利益を取引関係者が享受するために，取引自体によっては（⓬）法人税を負担すれば損失が生ずるだけであるという本件取引をあえて行うというものであって，我が国ひいては我が国の（⓭）の負担の下に取引関係者の利益を図るものというほかない。そうすると，本件取引に基づいて生じた所得に対する（⓮）法人税を法人税法69条の定める（⓯）税額控除の対象とすることは，（⓰）税額控除制度を（⓱）するものであり，さらには，税負担の（⓲）を著しく害するものとして許されないというべきである。」

【答え】❶外国，❷外国，❸外国，❹国際，❺二重，❻政策，❼外国，❽外国，❾外国，❿外国，⓫逸脱，⓬外国，⓭納税者，⓮外国，⓯外国，⓰外国，⓱濫用，⓲公平

確認問題【21】　最高裁昭和62年10月30日判決

「　……租税法規に適合する（❶）処分について,法の（❷）原理である（❸）の法理の適用により，右（❹）処分を（❺）なものとして取り消すことができる場合があるとしても，法律による行政の原理なかんずく（❻）主義の原則が貫かれるべき租税法律関係においては，右法理の適用については（❼）でなければならず，租税法規の適用における（❽）間の（❾），（❿）という

要請を犠牲にしてもなお当該（⑪）処分に係る（⑫）を免れしめて（⑬）の（⑭）を保護しなければ正義に反するといえるような（⑮）が存する場合に，初めて右法理の適用の是非を考えるべきものである。そして，右（⑯）が存するかどうかの判断に当たつては，少なくとも，税務官庁が納税者に対し（⑰）の対象となる（⑱）を（⑲）したことにより，納税者がその（⑳）を（㉑）しその（㉒）に基づいて（㉓）したところ，のちに右（㉔）に（㉕）する（㉖）処分が行われ，そのために納税者が（㉗）的不利益を受けることになったものであるかどうか，また，納税者が税務官庁の右（㉘）を（㉙）しその（㉚）に基づいて（㉛）したことについて納税者の（㉜）事由がないかどうかという点の考慮は不可欠のものであるといわなければならない。」

【答え】 ❶課税，❷一般，❸信義則，❹課税，❺違法，❻租税法律，❼慎重，❽納税者，❾平等，❿公平，⓫課税，⓬課税，⓭納税者，⓮信頼，⓯特別の事情，⓰特別の事情，⓱信頼，⓲公的見解，⓳表示，⓴表示，㉑信頼，㉒信頼，㉓行動，㉔表示，㉕反，㉖課税，㉗経済，㉘表示，㉙信頼，㉚信頼，㉛行動，㉜責めに帰すべき

確認問題【22】 神戸地裁昭和59年3月21日判決

「 ……現行の所得税法は，課税の対象となる（❶）を取得した経済上の成果（利得）としてとらえ，一定期間内における（❷）の（❸）をすべて（❹）とみる一方，（❺）が薄弱であることもしくは（❻）上，（❼）上又は（❽）上の理由から（❾）を定め（同法9ないし11条），租税特別措置法その他の法令により所得控除，特別税額控除等の課税除外所得を定めている。従つて，このような税制の趣旨に照らすと，（❿）の（⓫）は，法令上それを明らかに（⓬）とする趣旨が規定されていない限りは，課税の対象とされるものと解すべきところ，給付金についてこのような特別の定めをした法令は存在しない。」

【答え】 ❶所得，❷純資産，❸増加，❹所得，❺担税力，❻徴税，❼公益，❽政策，❾非課税所得，❿純資産，⓫増加，⓬非課税

確認問題【23】 最高裁昭和46年11月9日判決

「 利息制限法による制限（❶）の利息・損害金の支払がなされても，その支払は弁済の効力を生ぜず，制限超過部分は，民法491条により残存元本に充当されるものと解すべきことは，当裁判所の判例とするところであつて（昭和35年（オ）第1151号同39年11月18日大法廷判決，民集18巻9号1868頁），これによると，約定の利息・損害金の支払がなされても，制限（❷）部分に関するかぎり，法律上は元本の回収にほかならず，したがつて，（❸）を構成しないもののように見える。
　しかし，課税の対象となるべき（❹）を構成するか否かは，必ずしも，その（❺）的性質いかんによつて決せられるものではない。当事者間において約定の利息・損害金として授受され，貸主において当該制限（❻）部分が元本に充当されたものとして処理することなく，依然として従前どおりの元本が残存するものとして取り扱っている以上，制限（❼）部分をも含めて，現実に収受された約定の利息・損害金の全部が貸主の（❽）として課税の対象となるものというべきである。……
　一般に，金銭消費貸借上の利息・損害金債権については，その履行期が到来すれば，現実に

はなお（❾）の状態にあるとしても，旧所得税法10条1項にいう「収入（❿）金額」にあたるものとして，課税の対象となるべき（⓫）を構成すると解されるが，それは，特段の事情のないかぎり，収入実現の可能性が高度であると認められるからであつて，これに対し，利息制限法による制限（⓬）の利息・損害金は，その基礎となる約定自体が無効であつて（前記各大法廷判決参照），約定の履行期の到来によつても，利息・損害金債権を生ずるに由なく，貸主は，ただ，借主が，大法廷判決によつて確立された法理にもかかわらず，あえて法律の保護を求めることなく，任意の支払を行なうかも知れないことを，事実上期待しうるにとどまるのであつて，とうてい，収入実現の蓋然性があるものということはできず，したがつて，制限（⓭）の利息・損害金は，たとえ約定の履行期が到来しても，なお（⓮）であるかぎり，旧所得税法10条1項にいう「収入（⓯）金額」に該当しないものというべきである。……」

【答え】❶超過，❷超過，❸所得，❹所得，❺法律，❻超過，❼超過，❽所得，❾未収，❿すべき，⓫所得，⓬超過，⓭超過，⓮未収，⓯すべき

確認問題【24】 大阪高裁昭和56年7月16日判決

「　……未実現の利得も（❶）を増加させることは否定できず，これを除外することは（❷）に応じた（❸）な税負担の原則にそぐわない結果となるし，実現した利得のみを課税対象とすると（❹）が生じ易くなる。実現した利得のみを課税対象とするか，未実現の利得をも加えるか，またその範囲，限度等は結局，租税（❺）政策の問題というべきである。ところでわが国の所得税法，法人税法は，一定の場合に未実現の利得を（❻）として課税の対象としており（所得税法59条，40条，法人税法22条2項等），本件で争われている所得税法25条2項もその一例であるが，（❼）政策の問題である以上，原則として違憲の問題を生ずる余地のないことは…で説示したとおりである。」

【答え】❶担税力，❷担税力，❸公平，❹租税回避，❺立法，❻所得，❼立法

確認問題【25】 最高裁平成22年7月6日判決

「　……所得税法9条1項は，その柱書きにおいて「次に掲げる所得については，所得税を課さない。」と規定し，その15号において「相続，遺贈又は個人からの贈与により取得するもの（相続税法の規定により相続，遺贈又は個人からの贈与により取得したものと（❶）れるものを含む。）」を掲げている。同項柱書きの規定によれば，同号にいう「相続，遺贈又は個人からの贈与により取得するもの」とは，相続等により取得し又は取得したものと（❷）れる財産そのものを指すのではなく，当該財産の取得によりその者に帰属する所得を指すものと解される。そして，当該財産の取得によりその者に帰属する所得とは，当該財産の取得の時における価額に相当する（❸）的価値にほかならず，これは（❹）税又は贈与税の課税対象となるものであるから，同号の趣旨は，（❺）税又は贈与税の課税対象となる（❻）的価値に対しては所得税を課さないこととして，同一の（❼）的価値に対する（❽）税又は贈与税と（❾）税との（❿）課税を排除したものであると解される。
　……したがって，これらの年金の各支給額のうち上記現在価値に相当する部分は，（⓫）税の課税対象となる（⓬）的価値と同一のものということができ，所得税法9条1項15号により

所得税の課税対象とならないものというべきである。

　…なお，所得税法207条所定の生命保険契約等に基づく年金の（⑬）をする者は，当該年金が同法の定める所得として（⑭）税の課税対象となるか否かにかかわらず，その（⑮）の際，その年金について同法208条所定の金額を徴収し，これを（⑯）税として国に納付する義務を負うものと解するのが相当である。」

【答え】❶みなさ，❷みなさ，❸経済，❹相続，❺相続，❻経済，❼経済，❽相続，❾所得，❿二重，⓫相続，⓬経済，⓭支払，⓮所得，⓯支払，⓰所得

確認問題【26】　最高裁平成4年2月18日判決

「　……（所得税法）120条1項5号にいう「源泉徴収をされた又はされるべき所得税の額」とは，所得税法の源泉徴収の規定（第四編）に基づき正当に徴収をされた又はされるべき所得税の額を意味するものであり，給与その他の所得についてその（❶）者がした所得税の源泉徴収に（❷）がある場合に，その（❸）者が，右確定申告の手続において，（❹）者が誤って徴収した金額を算出所得税額から控除し又は右誤徴収額の全部若しくは一部の（❺）を受けることはできないものと解するのが相当である。けだし，所得税法上，源泉徴収による所得税（以下「（❻）税」という。）について徴収・納付の義務を負う者は源泉徴収の対象となるべき所得の（❼）者とされ，原判示のとおり，その納税義務は，当該所得の（❽）者に係る（❾）所得税の納税義務とは（❿）のものとして成立，確定し，これと（⓫）するものであり，そして，源泉所得税の徴収・納付に不足がある場合には，不足分について，税務署長は源泉徴収義務者たる（⓬）者から徴収し（221条），（⓭）者は源泉納税義務者たる（⓮）者に対して（⓯）すべきものとされており（222条），また，源泉所得税の徴収・納付に誤りがある場合には，（⓰）者は国に対し当該誤納金の（⓱）を請求することができ（国税通則法56条），他方，（⓲）者は，何ら特別の手続を経ることを要せず直ちに支払者に対し，本来の債務の一部不履行を理由として，誤って徴収された金額の支払を直接に請求することができるのである（……）。」

【答え】❶支払，❷誤り，❸受給，❹支払，❺還付，❻源泉所得，❼支払，❽受給，❾申告，❿別個，⓫並存，⓬支払，⓭支払，⓮受給，⓯求償，⓰支払，⓱還付，⓲受給

確認問題【27】　大阪地裁昭和54年5月31日判決

「　所得税法9条1項21号，同法施行令30条が（❶），見舞金，及びこれに類するものを（❷）としたわけは，これらの金員が受領者の心身，財産に受けた損害を（❸）する性格のものであつて，原則的には受領者である納税者に（❹）をもたらさないからである。

　そうすると，ここにいう損害賠償金，見舞金，及びこれに類するものとは，損害を生じさせる原因行為が（❺）の成立に必要な（❻）の要件を厳密に充すものである必要はないが，納税者に損害が（❼）に生じ，または生じることが（❽）に見込まれ，かつその（❾）のために支払われるものに限られると解するのが相当である。

　そうすると，当事者間で損害賠償のためと明確に（❿）されて支払われた場合であつても，損害が（⓫）的になければその支払金は非課税にならないし，また，損害が（⓬）的にあつても非課税になる支払金の（⓭）は当事者が（⓮）して支払つた金額の全額ではなく，（⓯）的

に発生し，または発生が見込まれる損害の限度に限られるとしなければならない。
　原告は，授受のあつた金額の全額が非課税になると主張しているが，この主張は，本来法律によつて一義的に定められなければならない非課税の範囲を，支払者と受領者の(⓰)によつて変更することを認めるものであつて到底採用することはできない。」

【答え】❶損害賠償金，❷非課税，❸補塡，❹利益，❺不法行為，❻故意過失，❼現実，❽確実，❾補塡，❿合意，⓫客観，⓬客観，⓭範囲，⓮合意，⓯客観，⓰合意

確認問題【28】　東京高裁平成3年6月6日判決

「　……親子が相互に(❶)して(❷)個の事業を営んでいる場合における所得の(❸)者が誰であるかは，その収入が何人の(❹)によるものであるかではなく，何人の(❺)に帰したかで判断されるべき問題であって，ある事業による収入は，その(❻)であるものに帰したものと解すべきであり（最高裁昭和37・3・16第二小法廷判決，裁判集民事59号393頁参照），従来父親が単独で経営していた事業に新たにその子が加わった場合においては，特段の事情のない限り，(❼)が(❽)で(❾)は単なる(❿)としてその支配のもとに入ったものと解するのが相当である。……」

【答え】❶協力，❷一，❸帰属，❹勤労，❺収入，❻経営主体，❼父親，❽経営主体，❾子，❿従業員

確認問題【29】　最高裁昭和48年4月26日判決

「　……課税処分が法定の処分要件を欠く場合には，まず行政上の(❶)をし，これが容れられなかつたときにはじめて当該処分の(❷)を訴求すべきものとされているのであり，このような(❸)上または(❹)上の救済手続のいずれにおいても，その(❺)については法定期間の遵守が要求され，その所定期間を徒過した後においては，もはや当該処分の内容上の過誤を理由としてその効力を争うことはできないものとされている。
　課税処分に対する(❻)についての右の原則は，もとより，比較的短期間に大量的になされるところの課税処分を可及的(❼)に確定させることにより，徴税行政の安定とその円滑な運営を確保しようとする要請によるものであるが，この一般的な原則は，いわば通常予測されるような事態を制度上予定したものであつて，法は，以上のような原則に対して，課税処分についても，行政上の不服申立手続の経由や出訴期間の遵守を要求しないで，当該処分の効力を争うことのできる(❽)的な場合の存することを否定しているものとは考えられない。すなわち，課税処分についても，当然にこれを(❾)とすべき場合がありうるのであつて，このような処分については，これに基づく滞納処分のなされる虞れのある場合等において，その(❿)を求める訴訟によつてこれを争う途も開かれているのである（行政事件訴訟法36条）。
　もつとも，課税処分につき当然(⓫)の場合を認めるとしても，このような処分については，前記のように，出訴期間の制限を受けることなく，何時までも争うことができることとなるわけであるから，更正についての期間の制限等を考慮すれば，かかる例外の場合を肯定するについて慎重でなければならないことは当然であるが，一般に，課税処分が課税庁と被課税者との間にのみ存するもので，処分の存在を信頼する第三者の保護を考慮する必要のないこと等を勘案すれば，当該処分における内容上の過誤が課税要件の根幹についてのそれであつて，徴税

行政の安定とその円滑な運営の要請を斟酌してもなお，不服申立期間の（⓬）による不可争的効果の発生を理由として被課税者に右処分による（⓭）を甘受させることが，（⓮）と認められるような（⓯）的な事情のある場合には，前記の過誤による瑕疵は，当該処分を当然（⓰）ならしめるものと解するのが相当である。」

【答え】❶不服申立て，❷取消し，❸行政，❹司法，❺不服申立て，❻不服申立て，❼速やか，❽例外，❾無効，❿無効確認，⓫無効，⓬徒過，⓭不利益，⓮著しく不当，⓯例外，⓰無効

確認問題【30】 最高裁昭和39年10月22日判決

「　……所得税法は，いわゆる（❶）制度を採用し（23条，26条参照），且つ，納税義務者が確定申告書を提出した後において，申告書に記載した所得税額が適正に計算したときの所得税額に比し（❷）であることを知つた場合には，更正の通知があるまで，当初の申告書に記載した内容を（❸）する旨の申告書を提出することができ（27条1項参照）。また確定申告書に記載した所得税額が適正に計算したときの所得税額に比し（❹）であることを知つた場合には，確定申告書の提出期限後一ヶ月間を限り，当初の申告書に記載した内容の（❺）をすることができる（同条6項参照），と規定している。ところで，そもそも所得税法が右のごとく，（❻）を採用し，確定申告書記載事項の過誤の是正につき特別の規定を設けた所以は，所得税の課税標準等の決定については最もその間の事情に通じている納税義務者自身の申告に基づくものとし，その過誤の是正は法律が特に認めた場合に限る建前とすることが，租税債務を可及的速かに確定せしむべき国家財政上の要請に応ずるものであり，納税義務者に対しても過当な不利益を強いる虞れがないと認めたからにほかならない。従つて，確定申告書の記載内容の過誤の是正については，その（❼）が（❽）的に（❾）且つ（❿）であつて，前記所得税法の定めた方法以外にその是正を許さないならば，納税義務者の利益を（⓫）害すると認められる（⓬）がある場合でなければ，所論のように法定の方法によらないで記載内容の（⓭）を主張することは，許されないものといわなければならない。」

【答え】❶申告納税，❷過少，❸修正，❹過大，❺更正の請求，❻申告納税制度，❼錯誤，❽客観，❾明白，❿重大，⓫著しく，⓬特段の事情，⓭錯誤

確認問題【31】 東京高裁昭和39年12月9日判決

「　……本件利子が所得税法に所謂預金の利子に該当するか否かについて判断する。
　思うに，預金は，銀行その他の金融機関に対する預金にみられるように，通常，銀行等の金融機関が（❶）の相手方，即ち預金者に対し同額の金銭の（❷）を約して預金者から預託を受けた金銭であつて，受入れた金銭自体をそのまま保管するのではなく，これを（❸）し，その（❹）に当つては同額の金銭を以てすればよいのであるから，民法第666条の（❺）の性質を有するものというべく，所得税法第9条第1項第1号〔注：現行所得法23条1項〕に所謂預金も右同様（❻）の性質を有する金銭と解するのが相当である。……」

【答え】❶不特定多数，❷返還，❸消費，❹返還，❺消費寄託，❻消費寄託

確認問題【32】　最高裁昭和35年10月7日判決

「　おもうに，商法は，取引社会における利益配当の観念（すなわち，損益計算上の利益を株金額の出資に対し株主に支払う金額）を前提として，この配当が適正に行われるよう各種の法的規制を施しているものと解すべきである（……）。そして，所得税法中には，利益配当の概念として，とくに，商法の前提とする，取引社会における利益配当の観念と（❶）観念を採用しているものと認むべき規定はないので，所得税法もまた，利益配当の概念として，（❷）の前提とする利益配当の観念と（❸）観念を採用しているものと解するのが相当である。従つて，所得税法上の利益配当とは，必ずしも，（❹）の規定に従つて（❺）になされたものにかぎらず，（❻）が規制の対象とし，（❼）の見地からは不適法とされる配当（たとえば蛸配当，株主平等の原則に反する配当等）の如きも，所得税法上の利益配当のうちに含まれるものと解すべきことは所論のとおりである。……」

【答え】❶異なる，❷商法，❸同一，❹商法，❺適法，❻商法，❼商法

確認問題【33】　最高裁昭和43年10月31日判決

「　……譲渡所得に対する課税は，原判決引用の第一審判決の説示するように，資産の（❶）によりその資産の所得者に帰属する（❷）を所得として，その資産が所有者の（❸）を離れて他に（❹）するのを機会に，これを（❺）して課税する趣旨のものと解すべきであり，売買交換等によりその資産の（❻）が（❼）の受入を伴うときは，右増加益は対価のうちに具体化されるので，これを課税の対象としてとらえたのが旧所得税法（昭和22年法律第27号，以下同じ。）9条1項8号〔注：現行所得税法33条1項〕の規定である。
　そして（❽）を伴わない資産の（❾）においても，その資産につきすでに生じている（❿）は，その（⓫）当時の右資産の（⓬）に照して具体的に把握できるものであるから，同じくこの（⓭）の時期において右（⓮）を課税の対象とするのを相当と認め，資産の贈与，遺贈のあった場合においても，右資産の（⓯）は（⓰）されたものとみて，これを前記譲渡所得と同様に取り扱うべきものとしたのが同法5条の2〔注：現行所得税法59条1項に相当〕の規定なのである。されば，右規定は決して（⓱）のないところに課税所得の存在を擬制したものではなく，またいわゆる（⓲）負担の原則を無視したものともいいがたい。……」

【答え】❶値上がり，❷増加益，❸支配，❹移転，❺清算，❻移転，❼対価，❽対価，❾移転，❿増加益，⓫移転，⓬時価，⓭移転，⓮増加益，⓯増加益，⓰実現，⓱所得，⓲応能

確認問題【34】　最高裁昭和50年5月27日判決

「　譲渡所得に対する課税は，（❶）の（❷）によりその（❸）の所有者に帰属する（❹）を所得として，その（❺）が所有者の支配を離れて他に移転するのを機会に，これを（❻）して（❼）する趣旨のものであるから，その課税所得たる譲渡所得の発生には，必ずしも当該（❽）の譲渡が（❾）であることを要しない（最高裁昭和41年（行ツ）第102号同47年12月26日第三小法廷判決・民集26巻10号2083頁参照）。したがつて，所得税法33条1項にいう「（❿）の譲渡」とは，（⓫）（⓬）を問わず（⓭）を移転させるいつさいの行為をいうものと解すべきである。そ

188　確認問題

して，同法59条1項（昭和48年法律第8号による改正前のもの）が譲渡所得の総収入金額の計算に関する（⑭）規定であって，所得のないところに課税譲渡所得の存在を擬制したものでないことは，その規定の位置及び文言に照らし，明らかである。
　ところで，夫婦が離婚したときは，その一方は，他方に対し，財産分与を請求することができる（民法768条，771条）。この財産分与の権利義務の内容は，当事者の協議，家庭裁判所の調停若しくは審判又は地方裁判所の判決をまつて具体的に確定されるが，右権利義務そのものは，離婚の成立によって発生し，実体的権利義務として存在するに至り，右当事者の協議等は，単にその内容を具体的に確定するものであるにすぎない。そして，財産分与に関し右当事者の協議等が行われてその内容が具体的に確定され，これに従い金銭の支払い，不動産の譲渡等の分与が完了すれば，右財産分与の義務は（⑮）するが，この分与義務の（⑯）は，それ自体一つの（⑰）ということができる。したがつて，財産分与として不動産等の（⑱）を譲渡した場合，分与者は，これによって，分与義務の（⑲）という（⑳）を享受したものというべきである。
　してみると，本件不動産の譲渡のうち財産分与に係るものが上告人に譲渡所得を生ずるものとして課税の対象となるとした原審の判断は，その結論において正当として是認することができる。……」

【答え】❶資産，❷値上り，❸資産，❹増加益，❺資産，❻清算，❼課税，❽資産，❾有償，❿資産，⓫有償，⓬無償，⓭資産，⓮特例，⓯消滅，⓰消滅，⓱経済的利益，⓲資産，⓳消滅，⓴経済的利益

確認問題【35】　松山地裁平成3年4月18日判決

「　土地等の（❶）の（❷）による所得が譲渡所得として課税の対象にされているのは（所得税法33条1項），（❸）の（❹）によりその（❺）の所有者に帰属する（❻）を所得として，その（❼）の所有者が支配を離れて他に移転するのを機会に，これを（❽）して課税する趣旨のものである（最高裁判所昭和47年（行ツ）第4号昭和50年5月27日第三小法廷判決・民集29巻5号641頁以下）。ところが，（❾）（事業所得を生ずべき事業に係る商品，製品，半製品，仕掛品，主要原材料等である。同法2条1項16号，同法施行令3条）の譲渡その他営利を目的として継続的に行われる資産の譲渡による所得は，（❿）所得に含まれないものとされている（同法33条2項1号）。これは，譲渡所得が概して（⓫）的，（⓬）的に発生する所得であるのに対し，（⓭）の譲渡等により発生する所得は，（⓮）的，（⓯）的に発生するものであるから，譲渡所得に比較して（⓰）に優るので，税負担の衡平を図るため，譲渡所得とは区別して，同法27条1項に定める（⓱）所得として課税する趣旨であると考えられる（東京高等裁判所昭和47年（行コ）第33号昭和48年5月31日判決・行裁集24巻4・5号456頁以下）。そして，農業，林業，狩猟業，漁業，水産養殖業，鉱業，建設業，製造業，卸売業，小売業，金融業，保険業，不動産業，運輸通信業，医療保健業，著述業その他のサービス業並びにそれ以外の（⓲）を得て（⓳）的に行う事業から生ずる所得は（⓴）所得と定められており（同法27条1項，同法施行令63条），右（㉑）を得て（㉒）的に行う事業とは，（㉓）と（㉔）において（㉕）して営まれ，（㉖）性，（㉗）性を有し，かつ（㉘）して遂行する（㉙）と社会的（㉚）とが（㉛）的に認められる業務をいう（最高裁判所昭和52年（行ツ）第12号昭和56年4月24日第二小法廷判決・民集35巻3号672頁以下）。
　ところで，土地等の譲渡が（㉜）又はこれに準ずる資産の譲渡に該当する場合であっても，極めて（㉝）期間引き続いて販売目的以外の目的で所有していた土地等について，販売することを目的として宅地造成等の加工を加えた場合には，その土地等の譲渡による所得には，右加

工を加える前に潜在的に生じていた（㉞）の価値の（㉟）に相当するものが相当部分含まれていると考えられる。そこで，そのような場合には，右加工に着手する時点までの（㊱）の価値の部分に相当する所得を（㊲）所得とし，その他の部分を（㊳）所得又は（㊴）所得とするのが相当である。……」

【答え】❶資産，❷譲渡，❸資産，❹値上がり，❺資産，❻増加益，❼資産，❽清算，❾たな卸資産，❿譲渡，⓫臨時，⓬偶発，⓭たな卸資産，⓮経常，⓯計画，⓰担税力，⓱事業，⓲対価，⓳継続，⓴事業，㉑対価，㉒継続，㉓自己の計算，㉔危険，㉕独立，㉖営利，㉗有償，㉘反覆継続，㉙意思，㉚地位，㉛客観，㉜たな卸資産，㉝長，㉞資産，㉟増加益，㊱資産，㊲譲渡，㊳事業，㊴雑

確認問題【36】　最高裁平成17年2月1日判決

「　……譲渡所得に対する課税は，（❶）の値上がりによりその（❷）の所有者に帰属する（❸）を所得として，その（❹）が所有者の（❺）を離れて他に（❻）するのを機会にこれを（❼）して課税する趣旨のものである（最高裁昭和41年（行ツ）第102号同47年12月26日第三小法廷判決・民集26巻10号2083頁，最高裁昭和47年（行ツ）第4号同50年5月27日第三小法廷判決・民集29巻5号641頁参照）。そして，上記「（❽）の（❾）に要した金額」には，当該資産の（❿）的価格を構成すべき（⓫）代金の額のほか，当該（⓬）を（⓭）するための（⓮）費用の額も含まれると解される（最高裁昭和61年（行ツ）第115号平成4年7月14日第三小法廷判決・民集46巻5号492頁参照）。

　他方，法60条1項は，居住者が同項1号所定の（⓯），（⓰）（限定承認に係るものを除く。）又は遺贈（包括遺贈のうち限定承認に係るものを除く。）により取得した（⓱）を譲渡した場合における譲渡所得の金額の計算について，その者が引き続き当該資産を所有していたものと（⓲）す旨を定めている。上記の譲渡所得課税の趣旨からすれば，（⓳），（⓴）又は遺贈であっても，当該資産についてその時における価額に相当する金額により譲渡があったものと（㉑）して譲渡所得課税がされるべきところ（法59条1項参照），法60条1項1号所定の贈与等にあっては，その時点では（㉒）の（㉓）が具体的に（㉔）化しないため，その時点における譲渡所得課税について納税者の納得を得難いことから，これを留保し，その後受贈者等が（㉕）を譲渡することによってその（㉖）が具体的に（㉗）化した時点において，これを（㉘）して課税することとしたものである。同項の規定により，受贈者の譲渡所得の金額の計算においては，贈与者が当該（㉙）を取得するのに要した費用が引き継がれ，課税を（㉚）られた贈与者の（㉛）の保有期間に係る（㉜）も含めて受贈者に課税されるとともに，贈与者の（㉝）の取得の（㉞）も引き継がれる結果，（㉟）の保有期間（法33条3項1号，2号参照）については，贈与者と受贈者の保有期間が（㊱）されることとなる。

　このように，法60条1項の規定の本旨は，（㊲）に対する課税の（㊳）にあるから，この規定は，受贈者の譲渡所得の金額の計算において，受贈者の（㊴）の保有期間に係る（㊵）に贈与者の（㊶）の保有期間に係る（㊷）を合わせたものを超えて所得として把握することを予定していないというべきである。そして，受贈者が贈与者から（㊸）を取得するための（㊹）費用の額は，受贈者の（㊺）の保有期間に係る（㊻）の計算において，「（㊼）の（㊽）に要した金額」（法38条1項）として収入金額から（㊾）されるべき性質のものである。……」

【答え】❶資産，❷資産，❸増加益，❹資産，❺支配，❻移転，❼清算，❽資産，❾取得，❿客観，⓫取得，⓬資産，⓭取得，⓮付随，⓯贈与，⓰相続，⓱資産，⓲みな，⓳贈与，⓴相続，㉑みな，㉒資産，㉓増

加益，㉔顕在，㉕資産，㉖増加益，㉗顕在，㉘清算，㉙資産，㉚繰り延べ，㉛資産，㉜増加益，㉝資産，㉞時期，㉟資産，㊱通算，㊲増加益，㊳繰延べ，㊴資産，㊵増加益，㊶資産，㊷増加益，㊸資産，㊹付随，㊺資産，㊻増加益，㊼資産，㊽取得，㊾控除

確認問題【37】 最高裁平成4年7月14日判決

「　譲渡所得の金額について，所得税法は，総収入金額から資産の（❶）費及び譲渡に（❷）した費用を控除するものとし（33条3項），右の資産の（❸）費は，別段の定めがあるものを除き，当該資産の（❹）に（❺）した金額並びに設備費及び改良費の額の合計額としている（38条1項）。右にいう「資産の（❻）に（❼）した金額」の意義について考えると，譲渡所得に対する課税は，資産の（❽）によりその資産の所有者に帰属する（❾）を所得として，その資産が所有者の（❿）を離れて他に（⓫）するのを機会にこれを（⓬）して課税する趣旨のものであるところ（最高裁昭和41年（行ツ）第102号同47年12月26日第三小法廷判決・民集26巻10号2083頁，同昭和47年（行ツ）第4号同50年5月27日第三小法廷判決・民集29巻5号641頁参照），前記のとおり，同法33条3項が総収入金額から（⓭）し得るものとして，当該資産の（⓮）的価格を構成すべき金額のみに限定せず，（⓯）費と並んで（⓰）に（⓱）した費用をも掲げていることに徴すると，右にいう「資産の（⓲）に（⓳）した金額」には，当該資産の（⓴）的価格を構成すべき（㉑）代金の額のほか，登録免許税，仲介手数料等当該資産を（㉒）するための（㉓）費用の額も含まれるが，他方，当該資産の維持管理に要する費用等居住者の日常的な（㉔）費ないし（㉕）費に属するものはこれに含まれないと解するのが相当である。
　ところで，個人がその居住の用に供するために不動産を取得するに際しては，代金の全部又は一部の借入れを必要とする場合があり，その場合には借入金の（㉖）の支払が必要となるところ，一般に，右の借入金の（㉗）は，当該不動産の（㉘）的価格を構成する金額に該当せず，また，当該不動産を取得するための（㉙）費用に当たるということもできないのであって，むしろ，個人が他の種々の（㉚）上の必要から資金を借り入れる場合の当該借入金の（㉛）と同様，当該個人の日常的な（㉜）費ないし（㉝）費にすぎないものというべきである。そうすると，右の借入金の（㉞）は，原則として，居住の用に供される不動産の譲渡による譲渡所得の金額の計算上，所得税法38条1項にいう「資産の（㉟）に（㊱）した金額」に該当しないものというほかはない。しかしながら，右借入れの後，個人が当該不動産をその居住の用に供するに至るまでにはある程度の期間を要するのが通常であり，したがって，当該個人は右期間中当該不動産を（㊲）することなく（㊳）の支払を余儀なくされるものであることを勘案すれば，右の借入金の（㊴）のうち，居住のため当該不動産の使用を（㊵）するまでの期間に対応するものは，当該不動産をその取得に係る用途に供する上で必要な（㊶）費用ということができ，当該個人の単なる日常的な（㊷）費ないし（㊸）費として譲渡所得の金額の計算のうち外のものとするのは相当でなく，当該不動産を取得するための（㊹）費用に当たるものとして，右にいう「資産の（㊺）に（㊻）した金額」に含まれると解するのが相当である。」

【答え】❶取得，❷要，❸取得，❹取得，❺要，❻取得，❼要，❽値上り，❾増加益，❿支配，⓫移転，⓬清算，⓭控除，⓮客観，⓯取得，⓰譲渡，⓱要，⓲取得，⓳要，⓴客観，㉑取得，㉒取得，㉓付随，㉔生活，㉕家事，㉖利子，㉗利子，㉘客観，㉙付随，㉚家事，㉛利子，㉜生活，㉝家事，㉞利子，㉟取得，㊱要，㊲使用，㊳利子，㊴利子，㊵開始，㊶準備，㊷生活，㊸家事，㊹付随，㊺取得，㊻要

確認問題【38】　最高裁平成18年4月20日判決

「　譲渡所得に対する課税は，(❶) の (❷) によりその (❸) の所有者に帰属する (❹) を所得として，その (❺) が所有者の (❻) を離れて他に (❼) するのを機会に，これを (❽) して課税する趣旨のものである（最高裁昭和41年（行ツ）第102号同47年12月26日第三小法廷判決・民集26巻10号2083頁，最高裁昭和47年（行ツ）第4号同50年5月27日第三小法廷判決・民集29巻5号641頁参照）。しかしながら，所得税法上，抽象的に発生している (❾) の (❿) そのものが課税の対象となっているわけではなく，原則として，(⓫) の譲渡により (⓬) した所得が課税の対象となっているものである。そうであるとすれば，(⓭) の譲渡に当たって支出された費用が所得税法33条3項にいう (⓮) 費用に当たるかどうかは，一般的，抽象的に当該資産を譲渡するために当該費用が必要であるかどうかによって判断するのではなく，(⓯) に行われた資産の譲渡を前提として，(⓰) 的に見てその譲渡を (⓱) するために当該費用が必要であったかどうかによって判断すべきものである。」

【答え】❶資産，❷値上がり，❸資産，❹増加益，❺資産，❻支配，❼移転，❽清算，❾資産，❿増加益，⓫資産，⓬実現，⓭資産，⓮譲渡，⓯現実，⓰客観，⓱実現

確認問題【39】　東京地裁平成3年2月28日判決

「　……そもそも，ある時点における土地等の資産の (❶) 的な価額というものは，鑑定等によって常に (❷) 的に特定されるという性質をもつものではなく，ある程度の (❸) をもった範囲内の価額として観念されるべきものであることはいうまでもないところである。したがって，その評価の基準となる時点とさほど (❹) ない時期にその資産について現実に (❺) 等が行われている場合には，その取引の価格がとくに (❻) なものであることが認められるといった (❼) のない限り，その (❽) 価額をもってその価額とすることも十分に合理的な根拠を持つものと考えられる。」

【答え】❶客観，❷一義，❸幅，❹遠く，❺売買，❻異常，❼特段の事情，❽売買

確認問題【40】　最高裁平成6年9月13日判決

「　相続財産は，共同相続人間で遺産分割協議がされるまでの間は全相続人の (❶) に属するが，いったん遺産分割協議がされると遺産分割の (❷) は (❸) の時にさかのぼりその時点で遺産を取得したことになる。したがって，相続人の一人が遺産分割協議に従い他の相続人に対し (❹) としての金銭を交付して遺産全部を自己の所有にした場合は，結局，同人が右遺産を (❺) の時に (❻) 相続したことになるのであり，共有の遺産につき他の相続人である (❼) からその (❽) 持分の譲渡を受けてこれを取得したことになるものではない。そうすると，本件不動産は，上告人が所得税法60条1項1号の「(❾)」によって取得した財産に該当するというべきである。したがって，上告人がその後にこれを他に売却したときの譲渡所得の計算に当たっては，相続前から引き続き所有していたものとして (❿) 費を考えることになるから，上告人が代償として他の相続人に交付した金銭及びその交付のため銀行から借り入れた借入金の利息相当額を右相続財産の (⓫) 費に算入することはできない。……」

【答え】❶共有，❷効果，❸相続開始，❹代償，❺相続開始，❻単独，❼共有者，❽共有，❾相続，❿取得，⓫取得

確認問題【41】 東京高裁昭和62年9月9日判決

「 所得税法33条1項の譲渡所得課税は，（❶）の（❷）によりその（❸）の所有者に帰属する（❹）を所得として，その（❺）が所有者の（❻）を離れて他に（❼）するのを機会に，これを（❽）して課税する趣旨のものであるから，同条項にいう（❾）の譲渡は，（❿）譲渡に限られるものではなく，贈与その他の（⓫）の権利移転行為を含むものと解することができる（最高裁昭和50年5月27日判決民集29巻5号641頁参照）。ところで，同法60条1項は，これについて一つの（⓬）として，同項各号に定める場合（ただし，同法59条1項の規定と対比すれば，法人に対するものを除くことは明らかである。以下同じ。）を認めた。すなわち，同法60条1項は，同項各号に定める場合にその時期には譲渡所得課税をしないこととし，その資産の譲受人が後にこれを譲渡し，譲渡所得課税を受ける場合に，譲渡所得の金額を計算するについて，譲受人が譲渡人の（⓭）時から引続きこれを所有していたものと（⓮）して，譲渡人が取得した時にその取得価額で取得したものとし，いわゆる取得価額の（⓯）による課税時期の（⓰）をすることとした。したがつて，右の課税時期の（⓱）が認められるためには，資産の譲渡があつても，その時期に（⓲）所得（⓳）がされない場合でなければならない。ところが，負担付贈与においては，贈与者に同法36条1項に定める収入すべき金額等の（⓴）が存する場合があり，この場合には，同法59条2項に該当するかぎりは，同項に定めるところに従つて譲渡損失も認められない代りに，同法60条1項2号に該当するものとして，㉑所得㉒を受けないが（つまり，この時期において資産の㉓の㉔をしないのであるが），それ以外は，一般原則に従いその㉕に対して㉖所得㉗がされることになるのであるから，右の課税時期の㉘が認められないことは明らかである。そこで，同項1号の「贈与」とは，㉙贈与と㉚者に㉛を生じない㉜贈与をいうものといわざるを得ない。」

【答え】❶資産，❷値上がり，❸資産，❹増加益，❺資産，❻支配，❼移転，❽清算，❾資産，❿有償，⓫無償，⓬例外，⓭取得，⓮みな，⓯引き継ぎ，⓰繰り延べ，⓱繰り延べ，⓲譲渡，⓳課税，⓴経済的利益，㉑譲渡，㉒課税，㉓増加益，㉔清算，㉕経済的利益，㉖譲渡，㉗課税，㉘繰り延べ，㉙単純，㉚贈与，㉛経済的利益，㉜負担付

確認問題【42】 最高裁昭和56年4月24日判決

「 ……事業所得とは，（❶）において（❷）して営まれ，（❸）性，（❹）性を有し，かつ（❺）して遂行する意思と社会的地位とが（❻）的に認められる（❼）から生ずる所得をいい，これに対し，給与所得とは（❽）又は（❾）に基づき使用者の（❿）に服して提供した（⓫）の対価として使用者から受ける（⓬）をいう。なお，給与所得については，とりわけ，給与支給者との関係において何らかの（⓭）的，（⓮）的な（⓯）を受け，（⓰）的ないし（⓱）的に（⓲）又は役務の提供があり，その（⓳）として支給されるものであるかどうかが重視されなければならない。」

【答え】❶自己の計算と危険，❷独立，❸営利，❹有償，❺反覆継続，❻客観，❼業務，❽雇傭契約，

❾これに類する原因，❿指揮命令，⓫労務，⓬給付，⓭空間，⓮時間，⓯拘束，⓰継続，⓱断続，⓲労務，⓳対価

確認問題【43】 最高裁平成13年7月13日判決

「 民法上の組合の組合員が組合の事業に従事したことにつき（❶）から金員の支払を受けた場合，当該支払が（❷）の事業から生じた（❸）の（❹）に該当するのか，所得税法28条1項の（❺）所得に係る（❻）等の支払に該当するのかは，当該支払の（❼）となった（❽）についての（❾）及び（❿）の（⓫）ないし（⓬），当該（⓭）の提供や（⓮）の具体的態様等を考察して（⓯）的，（⓰）的に判断すべきものであって，組合員に対する金員の支払であるからといって当該支払が当然に（⓱）の（⓲）に該当することになるものではない。……」

【答え】❶組合，❷組合，❸利益，❹分配，❺給与，❻給与，❼原因，❽法律関係，❾組合，❿組合員，⓫意思，⓬認識，⓭労務，⓮支払，⓯客観，⓰実質，⓱利益，⓲分配

確認問題【44】 福岡地裁昭和62年7月21日判決

「 ……ところで，まず，委託検針員らの委託手数料が（❶）所得か（❷）所得かの争点についてであるが，（❸）の遂行ないし（❹）の提供から生ずる所得が所得税法上の（❺）所得と（❻）所得のいずれに該当するかの判断基準につき，同法の（❼），（❽）に照らし，（❾）所得が自己の（❿）と（⓫）において（⓬）して営まれ，（⓭）性，（⓮）性を備え，且つ（⓯）的な（⓰）の（⓱）と（⓲）的地位が認められる業務から生ずる所得をいい，（⓳）所得が（⓴）契約ないしそれに（㉑）に基づき，（㉒）の（㉓）に服して提供した（㉔）の（㉕）として（㉖）から受ける（㉗）をいう，との観点から判定すべきことは，原被告ら双方主張のとおりである。」

【答え】❶事業，❷給与，❸業務，❹労務，❺事業，❻給与，❼趣旨，❽目的，❾事業，❿計算，⓫危険，⓬独立，⓭営利，⓮有償，⓯客観，⓰反覆継続，⓱意思，⓲社会，⓳給与，⓴雇用，㉑類する原因，㉒使用者，㉓指揮命令，㉔労務，㉕対価，㉖使用者，㉗給付

確認問題【45】 京都地裁昭和56年3月6日判決

「 同法28条1項は，「給与所得とは，俸給，給料，賃金，歳費，年金（過去の勤務に基づき使用者であつた者から支給されるものに限る。），恩給（一時恩給を除く。）及び賞与並びにこれらの（❶）を有する給与に係る所得をいう。」と規定し，その実質的な（❷）は与えていない。右俸給，給料等はいずれも（❸）として列挙されたものであり，右規定の主眼は「これらの（❹）を有する給与」にあるというべきであるが，右列挙されたものとの関連において考えると，「これらの（❺）を有する給与」とは，単に（❻）関係に基づき（❼）として（❽）される報酬というよりは広く，（❾）またはこれに（❿）（例えば，法人の理事，取締役等にみられる（⓫）または（⓬）等）に基づいて，（⓭）的に提供される（⓮）として，他人から受ける報酬及び実質的にこれに準ずべき給付（例えば，各種の経済的利益等）をいうと解すべきである。換言

すれば，労務の提供が自己の（⑮）と（⑯）によらず他人の（⑰）に服してなされる場合にその（⑱）として支給されるものが給与所得であるということができる。したがつて，その（⑲）関係等が継続的であると一時的であるとを問わず，また，その支給名目の如何を問わないし，提供される労務の内容について高度の専門性が要求され，本人にある程度の自主性が認められる場合（国会議員の歳費や普通地方公共団体の議会の議員の報酬など可成り性質の異なるものも（⑳）所得とされている。）であつても労務がその（㉑）契約等に基づき他人の（㉒）の下に提供され，その（㉓）として得られた報酬等である限り，（㉔）所得に該当するといわなければならない。」

【答え】 ❶性質，❷定義，❸例示，❹性質，❺性質，❻雇傭，❼労務の対価，❽支給，❾雇傭，❿類する原因，⓫委任，⓬準委任，⓭非独立，⓮労務の対価，⓯危険，⓰計算，⓱指揮監督，⓲対価，⓳雇傭，⓴給与，㉑雇傭，㉒指揮監督，㉓対価，㉔給与

確認問題【46】 最高裁昭和37年8月10日判決

「 しかし，所得税法9条5号〔注：現行所得税法28条1項〕は「俸給，給料，賃金……並びにこれらの（❶）を有する給与」をすべて給与所得の収入としており，同法10条1項は「第9条……第5号……に規定する収入金額（金銭以外の物又は権利を以て収入すべき場合においては，当該物又は権利の価額以下同じ。）により」計算すべき旨を規定しており，勤労者が（❷）にもとづいて（❸）から受ける（❹）は，すべて右9条5号にいう（❺）所得を構成する収入と解すべく，通勤定期券またはその購入代金の支給をもつて給与でないと解すべき根拠はない。上告会社は，労働契約によつて通勤定期券またはその購入代金を支給しているというのであるが，かかる支出が会社の計算上損金に計算されることは勿論であるが，このことによつて，勤労者の（❻）でなくなるものではない。若し右の支給がなかつたならば，勤労者は当然に自らその費用を負担しなければならないのであつて，かかる支給のない勤労者とその支給のある勤労者との間に税負担の相違があるのは，むしろ当然であつて，通勤費の支給を（❼）と解し，勤労者の所得の計算をしたのは正当である。従つて上告会社が通勤費に相応する所得税を（❽）徴収する義務があることも当然のことといわなければならない。……」

【答え】 ❶性質，❷勤労者たる地位，❸使用者，❹給付，❺給与，❻給与，❼給与，❽源泉

確認問題【47】 岡山地裁昭和54年7月18日判決

「 ……今日，企業がその従業員の親睦や労働意欲の向上を目的として，慰安旅行・運動会等のレクリエーション行事を行なうことは広く一般化しているが，その参加費用の全部または一部を企業が（❶），（❷）する場合，従業員はこれによって（❸）を受けることとなるから，所得税法36条は，右利益の価額を（❹）として（❺）の対象とする趣旨と解される。もつとも，これらレクリエーション行事が社会通念上（❻）的に行われているものと認められる場合には，例外的に課税しなくて差支えないとするのが徴税事務の取扱いである（昭和45年7月1日付直審（所）30国税庁長官通達（昭和50年3月25日直所3－4改正までの改正を含む）の36－30参照）。
　右のような取扱いは，課税対象が一般に少額とみられることや，正確な捕捉の困難，徴税事務の繁雑等の理由から，是認され得るであろう。

したがつて，本件においても，本件ハワイ旅行が企業のいわゆる福利厚生事業として，社会通念上（❼）に行なわれているものと認められるか否かの検討を要する。」

【答え】❶負担，❷支出，❸経済的利益，❹収入，❺課税，❻一般，❼一般

確認問題【48】　大阪高裁昭和63年3月31日判決

「　……本来，使用者が役員又は使用人の参加を求めて行うレクリエーション行事につき，その費用を（❶）が負担することは，レクリエーション行事に参加した使用人らにとつてはその分の（❷）を受けることになるから，右利益相当分は使用人ら個人の（❸）として（❹）されるべきであるが（所得税法36条1項），本件通達は，「使用者が役員又は使用人のレクリエーションのために社会通念上（❺）的に行われていると認められる行事の費用を負担することにより，右行事に参加した使用人らが受ける（❻）については課税しなくて差支えない。」旨規定し，税務当局は右の経済的利益については非課税とする取り扱いをしている。

　……本件通達は，①使用人らは，雇用されている関係上，必ずしも希望しないままレクリエーション行事に参加せざるを得ない面があり，その経済的利益を自由に処分できるわけでもないこと，②レクリエーション行事に参加することによつて使用人らが受ける経済的利益の価額は少額であるのが通常であるうえ，その評価が困難な場合も少なくないこと，③使用人らの慰安を図るため使用者が費用を負担してレクリエーション行事を行うことは一般化しており，右のレクリエーション行事が社会通念上（❼）的に行われていると認められるようなものであれば，あえてこれに課税するのは国民感情からしても妥当ではないこと等を考慮したものと解され，合理性を有するものといえる。

　……したがつて，本件旅行が本件通達にいう社会通念上（❽）的に行われていると認められるレクリエーション行事にあたるか否かの判断にあたつては，本件旅行の企画立案・主催者，旅行の（❾）・（❿）・行程・従業員の（⓫）割合，第一審原告及び参加従業員の（⓬）額，両者の（⓭）等が（⓮）的に考慮すべきであるが，右（……）①ないし③の趣旨からすれば，第一審被告〔注：所轄税務署長〕が重視すべきであると主張する，従業員の（⓯）割合，参加従業員の費用（⓰）額ないし第一審原告〔注：企業〕と参加従業員の（⓱）よりも，参加従業員の受ける（⓲），すなわち本件旅行における第一審原告の（⓳）が重視されるべきである。」

【答え】❶使用者，❷経済的利益，❸所得，❹課税，❺一般，❻経済的利益，❼一般，❽一般，❾目的，❿規模，⓫参加，⓬負担，⓭負担割合，⓮総合，⓯参加，⓰負担，⓱負担割合，⓲経済的利益，⓳負担額

確認問題【49】　最高裁昭和58年9月9日判決

「　所得税法（以下「法」という。）において，退職所得とは，「退職手当，一時恩給その他の退職により一時に受ける給与及び（❶）を有する給与」に係る所得をいうものとされている（30条1項）。そして，法は，右の退職所得につき，その金額は，その年中の退職手当等の収入金額から退職所得控除額を控除した残額の（❷）分の一に相当する金額とする（同条2項）とともに，右退職所得控除額は，勤続年数に応じて増加することとして（同条3項），課税対象額が一般の給与所得に比較して少なくなるようにしており，また，税額の計算についても，他の所得と分離して累進税率を適用することとして（22条1項，201条），税負担の軽減を図つてい

る。このように，退職所得について，所得税の課税上，他の給与所得と異なる（❸）措置が講ぜられているのは，一般に，退職手当等の名義で退職を原因として一時に支給される金員は，その内容において，退職者が長期間特定の事業所等において勤務してきたことに対する報償及び右期間中の就労に対する（❹）の一部分の累積たる性質をもつとともに，その機能において，受給者の退職後の（❺）を保障し，多くの場合いわゆる（❻）の（❼）の糧となるものであつて，他の一般の給与所得と同様に一律に累進税率による課税の対象とし，一時に高額の所得税を課することとしたのでは，公正を欠き，かつ社会政策的にも妥当でない結果を生ずることになることから，かかる結果を避ける趣旨に出たものと解される。従業員が退職に際して支給を受ける金員には，普通，退職手当又は退職金と呼ばれているもののほか，種々の名称のものがあるが，それが法にいう退職所得にあたるかどうかについては，その（❽）にかかわりなく，退職所得の意義について規定した前記法30条1項の規定の（❾）及び右に述べた退職所得に対する優遇課税についての（❿）に照らし，これを決するのが相当である。かかる観点から考察すると，ある金員が，右規定にいう「退職手当，一時恩給その他の退職により一時に受ける給与」にあたるというためには，それが，（1）退職すなわち勤務関係の（⓫）という事実によつて（⓬）給付されること，（2）従来の継続的な勤務に対する報償ないしその間の（⓭）の（⓮）の一部の（⓯）の性質を有すること，（3）（⓰）として支払われること，との要件を備えることが必要であり，また，右規定にいう「（⓱）を有する給与」にあたるというためには，それが，（⓲）的には右の各要件のすべてを備えていなくても，（⓳）的にみてこれらの要件の要求するところに適合し，課税上，右「退職により一時に受ける給与」と同一に取り扱うことを（⓴）とするものであることを必要とすると解すべきである。」

【答】❶これらの性質，❷二，❸優遇，❹対価，❺生活，❻老後，❼生活，❽名称，❾文理，❿立法趣旨，⓫終了，⓬はじめて，⓭労務，⓮対価，⓯後払，⓰一時金，⓱これらの性質，⓲形式，⓳実質，⓴相当

確認問題【50】　名古屋地裁昭和60年4月26日判決

「　……法27条1項は，事業所得の定義として，農業，製造業，卸売業，小売業，サービス業，その他の（❶）で政令で定めるものから生ずる所得と規定し，これを受けた令63条は，1号から11号まで具体的な（❷）の種類を規定し，かつ12号で前各号に掲げるもののほか，（❸）を得て（❹）的に行う事業も含まれると規定しているところ，商品先物取引は令63条1号ないし11号に規定されている事業に該当しないことは明らかであるから，原告Aの商品先物取引による損失額が事業所得の金額の計算上生じたものか，雑所得の金額の計算上生じたものかは，原告Aが本件各係争年分中にした商品先物取引が令63条12号にいう（❺）を得て（❻）的に行う事業に該当するか否かにある。

　そして，一定の経済的行為が右に該当するか否かは，当該経済的行為の（❼）性，（❽）性の有無，（❾）性，（❿）性の有無のほか，自己の（⓫）と（⓬）よる企画遂行性の有無，当該経済的行為に費した精神的，肉体的（⓭）の程度，人的，物的（⓮）の有無，当該経済的行為をなす（⓯）の調達方法，その者の（⓰）（⓱）及び（⓲），生活状況及び当該経済的行為をなすことにより相当程度の期間（⓳）して安定した（⓴）を得られる可能性が存するか否か等の諸要素を総合的に検討して（㉑）に照らしてこれを判断すべきものと解される。」

【答】❶事業，❷事業，❸対価，❹継続，❺対価，❻継続，❼営利，❽有償，❾継続，❿反覆，⓫危険，⓬計算，⓭労力，⓮設備，⓯資金，⓰職業，⓱経歴，⓲社会的地位，⓳継続，⓴収益，㉑社会通念

確認問題【51】　名古屋高裁金沢支部昭和49年9月6日判決

「　……控訴人は個人事業者が（❶）上の必要から法人に（❷）したところ，右（❸）に対する（❹）の形式で収入があつた場合には，これを（❺）所得として扱うべきでなく，（❻）所得の一部として扱うべきものであると主張する。
　しかしながら右の考え方は当時の所得税法第24条第1項の文理に反するばかりでなく，次の二点において不都合を生じるから採用できない。
　第一に現行法上（❼）所得が他の所得から区分されている理由は，（❽）税との間の（❾）を避けるため法人からの収入につき（❿）（所得税法第92条）をする点にある。右の（⓫）の可能性は，純粋の投機投資株主の有する株式（投機投資目的で取得せられた株式）についてだけに限られる訳ではなく，いわゆる企業主株主の有する株式（企業支配目的で取得せられた株式），自己の固有の（⓬）に関連して又はその（⓭）活動のために所有する株式についても同様に存在するから，これらの株主の有する株式に対する（⓮）収入も，均しく（⓯）所得に該当するものと解すべきである。
　次に控訴人の主張するような場合の（⓰）収入を個人事業者の（⓱）所得の一部分と解する場合には，右部分も事業税の対象となるものと解さなければならぬと思われるが，その場合は法人の所得につき既に事業税が課せられているのにその所得の分配である配当につき再び事業税が課せられることとなり，不合理であるといわねばならない。」

【答え】❶事業, ❷出資, ❸出資, ❹配当, ❺配当, ❻事業, ❼配当, ❽法人, ❾二重課税, ❿配当控除, ⓫二重課税, ⓬事業, ⓭事業, ⓮配当, ⓯配当, ⓰配当, ⓱事業

確認問題【52】　大阪高裁平成10年1月30日判決

「　……所得税法においては，ある支出が必要（❶）として（❷）され得るためには，それが（❸）的にみて事業活動と（❹）の関連をもち，事業の遂行上（❺）必要な（❻）でなければならないというべきである。」

【答え】❶経費, ❷控除, ❸客観, ❹直接, ❺直接, ❻費用

確認問題【53】　高松地裁昭和48年6月28日判決

「　……被告は，法規の許容する限度を上廻る部分については，必要経費として原告の収入金額から（❶）すべきでないとの趣旨の主張をしているが，右法律（これに基づく細則を含む。以下この項において同じ。）の規定の趣旨は，不動産仲介業者が不動産取引における代理ないしは仲介行為によつて不当の利益を収めることを（❷）するところにあると解され，したがつて，右法律に違反する報酬契約の（❸）上の（❹）いかんは問題であるとしても，（❺）に右法律所定の報酬額以上のものが（❻）れた場合には，所得税法上は右（❼）に（❽）れた（❾）を（❿）（右報酬の支払いを受けた不動産仲介業者については（⓫））として認定すべきものである。」

【答え】❶控除, ❷禁止, ❸私法, ❹効力, ❺現実, ❻支払わ, ❼現実, ❽支払わ, ❾全額, ❿経費, ⓫所得

確認問題【54】 最高裁昭和49年３月８日判決

「 ……旧所得税法は，一（❶）を単位としてその（❷）ごとに課税（❸）を計算し，課税を行うこととしている。そして，同法10条〔注：現行所得税法36条〕が，右期間中の総収入金額又は収入金額の計算について，「収入（❹）金額による」と定め，「収入（❺）金額による」としていないことから考えると，同法は，（❻）の収入がなくても，その収入の原因たる（❼）が（❽）的に（❾）した場合には，その時点で所得の（❿）があつたものとして，右（⓫）発生の時期の属する年度の課税所得を計算するという建前（いわゆる（⓬）主義）を採用しているものと解される。……

　もともと，所得税は経済的な利得を対象とするものであるから，究極的には実現された収支によつてもたらされる所得について課税するのが基本原則であり，ただ，その課税に当たつて常に（⓭）収入のときまで課税できないとしたのでは，納税者の（⓮）を許し，課税の（⓯）を期しがたいので，徴税（⓰）上の（⓱）的見地から，収入（⓲）権利の（⓳）したときをとらえて課税することとしたものであり，その意味において，（⓴）主義なるものは，その権利について後に（㉑）の（㉒）があることを前提として，所得の帰属年度を決定するための基準であるにすぎない。換言すれば，（㉓）主義のもとにおいて金銭債権の確定的発生の時期を基準として所得税を賦課徴収するのは，（㉔）的には，いわば（㉕）所得に対する租税の（㉖）的性格を有するものであるから，その後において右の課税対象とされた債権が貸倒れによって回収（㉗）となるがごとき事態を生じた場合には，先の課税はその（㉘）を失い，結果的に（㉙）なきところに課税したものとして，当然にこれに対するなんらかの（㉚）が要求されるものというべく，それは，所得税の賦課徴収につき（㉛）主義をとることの反面としての要請であるといわなければならない。

　…債権の（㉜）的貸倒れの場合にも，貸倒れの存否及び数額についてまず課税庁が判断し，その債権確定時の属する年度における実所得が貸倒れにより回収（㉝）となつた額だけ存在しなかったものとして改めて課税所得及び税額を算定し，それに応じて先の課税処分の全部又は一部を取り消したうえ，既に徴税後であればその部分の税額相当額を納税者に（㉞）するという措置をとることが最も事理に即した（㉟）の方法というべく（前記昭和37年法律第44号による改正後の所得税法10条の６，27条の２参照），課税庁としては，貸倒れの事実が判明した以上，かかる（㊱）措置をとるべきことが法律上期待され，かつ，要請されているものといわなければならない。」

【答え】❶暦年，❷期間，❸所得，❹すべき，❺した，❻現実，❼権利，❽確定，❾発生，❿実現，⓫権利，⓬権利確定，⓭現実，⓮恣意，⓯公平，⓰政策，⓱技術，⓲すべき，⓳確定，⓴権利確定，㉑現実，㉒支払，㉓権利確定，㉔実質，㉕未必，㉖前納，㉗不能，㉘前提，㉙所得，㉚是正，㉛権利確定，㉜後発，㉝不能，㉞返還，㉟是正，㊱是正

確認問題【55】 福岡高裁那覇支部平成８年10月31日判決

「 ……「収入の原因となる（❶）の（❷）」（前出の最高裁判決）とは，収入の原因となる（❸）関係が（❹）し，この（❺）関係に基づく（❻）を（❼）上（❽）しうる事実の生じたことをいい，将来における不確定な事情によって，権利の全部又は一部が消滅することなく，終局的に確定していることまでも要するものではないと解される。」

【答え】❶権利，❷確定，❸法律，❹成立，❺法律，❻収入，❼事実，❽支配管理

確認問題【56】 最高裁昭和53年2月24日判決

「　……旧所得税法は，一（❶）を単位としてその期間ごとに課税所得を計算し課税を行うこととしているのであるが，同法10条1項〔注：現行所得税法36条1項〕が右期間中の収入金額の計算について「収入（❷）金額」によるとしていることから考えると，同法は，（❸）の収入がなくても，その収入の（❹）となる（❺）が（❻）した場合には，その時点で（❼）の実現があつたものとして右（❽）の時期の属する年分の課税所得を計算するという建前（いわゆる（❾）主義）を採用しているものと解される（最高裁昭和39年（あ）第2614号同40年9月8日第二小法廷決定・刑集19巻6号630頁，同昭和43年（オ）第314号同49年3月8日第二小法廷判決・民集28巻2号186頁）。そして，右にいう収入の（❿）となる（⓫）が（⓬）する時期はそれぞれの権利の（⓭）を考慮し決定されるべきものであるが，賃料増額請求にかかる増額賃料債権については，それが貸借人により争われた場合には，原則として，右債権の（⓮）を認める（⓯）が（⓰）した時にその（⓱）が（⓲）するものと解するのが相当である。けだし，賃料増額の効力は賃料増額請求の意思表示が相手方に到達した時に（⓳）的に相当な額において生ずるものであるが，貸借人がそれを争つた場合には，増額賃料債権の（⓴）を認める（㉑）が（㉒）するまでは，増額すべき事情があるかどうか，（㉓）的に相当な賃料額がどれほどであるかを（㉔）に判断することは困難であり，したがつて，賃貸人である納税者に増額賃料に関し（㉕）及び（㉖）を強いることは相当でなく，課税庁に独自の立場でその認定をさせることも相当ではないからである。また，賃料増額の効力が争われている間に賃貸借契約が解除されたような場合における原状回復義務不履行に基づく賃料相当の損害賠償請求権についても右と（㉗）に解するのが相当である。
　ところで，旧所得税法がいわゆる（㉘）主義を採用したのは，課税にあたつて常に（㉙）収入のときまで課税することができないとしたのでは，納税者の（㉚）を許し，課税の（㉛）を期しがたいので，徴税（㉜）上の（㉝）的見地から，収入の（㉞）となる（㉟）の（㊱）した時期をとらえて課税することとしたものであることにかんがみれば，増額賃料債権又は契約解除後の賃料相当の損害賠償請求権についてなお係争中であつても，これに関しすでに金員を（㊲）し，所得の（㊳）があつたとみることができる状態が生じたときには，その時期の属する年分の収入金額として所得を計算すべきものであることは当然であり，この理は，仮執行宣言に基づく給付として金員を取得した場合についてもあてはまるものといわなければならない。……」

【答え】❶暦年，❷すべき，❸現実，❹原因，❺権利，❻確定，❼所得，❽権利確定，❾権利確定，❿原因，⓫権利，⓬確定，⓭特質，⓮存在，⓯裁判，⓰確定，⓱権利，⓲確定，⓳客観，⓴存在，㉑裁判，㉒確定，㉓客観，㉔正確，㉕確定申告，㉖納税，㉗同様，㉘権利確定，㉙現実，㉚恣意，㉛公平，㉜政策，㉝技術，㉞原因，㉟権利，㊱確定，㊲収受，㊳実現

確認問題【57】 最高裁昭和53年3月16日判決

「　……旧所得税法（昭和22年法律第27号）のもとにおいて，事業所得として課税の対象とされた金銭債権が後日貸倒れ等により（❶）となつたときは，その（❷）による損失額を，当該

（❸）の事実が発生した年分の事業所得の金額の計算上，（❹）に算入すべきものとされ，これによつて納税者は（❺）的に先の課税について（❻）を受けることができたのであるから，それとは別に，納税者が徴税者たる国に対し，右（❼）による損失額に対応する徴収ずみの税額につき（❽）として（❾）を請求することは，法の認め（❿）ところであったと解すべきである。……」

【答え】❶回収不能，❷回収不能，❸回収不能，❹必要経費，❺実質，❻救済，❼回収不能，❽不当利得，❾返還，❿ない

確認問題【58】 名古屋地裁平成２年11月30日判決

「……所得税法51条２項は，事業所得を生ずべき事業について，その事業の遂行上生じた貸付金債権等の（❶）により生じた（❷）の金額は，その（❸）の生じた日の属する年分の事業所得の金額の計算上（❹）に算入する旨を規定しているが，右の規定により（❺）として（❻）に計上できるのは，原則として，債務者に対し債務免除の意思表示をしたときなど債権が（❼）上（❽）した場合（ただし，債務者に対する実質的な贈与と認められるものであるときは，その債権の消滅（❾）には当たらないので，右の債務免除の意思表示は，債務者の債務超過の状態が（❿）期間継続してその貸金等の弁済を受けることが（⓫）であると認められる状況で行われたものでなければならない。）又はその債務者の資産状況，支払能力等からみて貸付金等の（⓬）が（⓭）できないことが明らかになったときなど（⓮）上債権は存在（⓯）がその（⓰）が（⓱）上（⓲）である場合のいずれかに該当することが必要であるというべきである。
　なお，右の後者の場合に当たるというためには，前者の場合との均衡，課税金額計算の明確性の要請等に照らし，当該年中に弁済期が到来している債権につき，債務者の倒産，失踪等の事情が生じ，貸付金の（⓳）の（⓴）がないことが（㉑）的に（㉒）になったことを要すると解すべきである。……」

【答え】❶貸倒れ，❷損失，❸損失，❹必要経費，❺貸倒損失，❻必要経費，❼法律，❽消滅，❾貸倒れ，❿相当，⓫困難，⓬全額，⓭回収，⓮法律，⓯する，⓰回収，⓱事実，⓲不可能，⓳回収，⓴見込み，㉑客観，㉒確実

確認問題【59】 最高裁平成16年11月２日判決

「　所得税法56条は，（❶）を営む居住者と密接な関係にある者がその（❷）に関して（❸）の支払を受ける場合にこれを居住者の事業所得等の金額の計算上（❹）にそのまま算入することを認めると，納税者間における税負担の（❺）をもたらすおそれがあるなどのため，居住者と（❻）を（❼）にする（❽）その他の親族がその居住者の営む（❾）所得等を生ずべき（❿）に従事したことその他の事由により当該（⓫）から（⓬）の支払を受ける場合には，その（⓭）に相当する金額は，その居住者の当該事業に係る事業所得等の金額の計算上，（⓮）に算入しないものとした上で，これに伴い，その親族のその（⓯）に係る各種所得の金額の計算上（⓰）に算入されるべき金額は，その居住者の当該事業に係る事業所得等の金額の計算上，（⓱）に算入することとするなどの措置を定めている。
　同法56条の上記の趣旨及びその文言に照らせば，居住者と（⓲）を（⓳）にする（⓴）その

他の親族が居住者と（㉑）に（㉒）を営む場合であっても，そのことを理由に同条の適用を否定することはできず，同条の要件を満たす限りその適用があるというべきである。……」

【答え】❶事業，❷事業，❸対価，❹必要経費，❺不均衡，❻生計，❼一，❽配偶者，❾事業，❿事業，⓫事業，⓬対価，⓭対価，⓮必要経費，⓯対価，⓰必要経費，⓱必要経費，⓲生計，⓳一，⓴配偶者，㉑別，㉒事業

確認問題【60】 東京地裁平成10年2月24日判決

「……法69条2項により，（❶）に（❷）必要でない資産に係る所得の計算上生じた損失の金額は，競争馬の譲渡に係る譲渡所得の金額の計算上生じた損失の金額について（❸）的に（❹）通算が認められているほかは，（❺）通算の対象とならないものであるが，これは，（❻）に（❼）必要でない資産に係る支出ないし負担は，個人の消費（❽）上の支出ないし負担としての性格が強く，このような支出ないし負担の結果生じた損失の金額について，（❾）通算を認めて担税力の減殺要素として取り扱うことは適当でないとの考え方に基づくものと解される。

……ところで，法施行令178条1項2号は，「通常自己及び自己と生計を一にする親族が居住の用に供しない家屋で主として趣味，娯楽又は保養の用に供する目的で所有するものその他主として趣味，娯楽，保養又は鑑賞の目的で所有する不動産」を（❿）に（⓫）必要でない資産として規定しており，家屋その他の不動産については，その主たる所有目的によって，当該不動産に係る所得の計算上生じた損失が（⓬）通算の対象となるか否かが決せられることとなるところ，原告は，右の主たる所有目的の認定に当たっては，当該所有者の（⓭）的な（⓮）を最優先すべきであるとの趣旨の主張をしている。

しかしながら，個人の（⓯）的な（⓰）は（⓱）からは容易には知り難いものであるから，一般論として，租税法上の要件事実の認定に当たり，（⓲）的事実を軽視し，個人の（⓳）的な（⓴）を重視することは，税負担の公平と租税の適正な賦課徴収を実現する上で問題があり，適当でないというべきである。のみならず，前示のとおり，法69条2項が（㉑）に（㉒）必要でない資産に係る所得の計算上生じた損失について（㉓）通算を認めていないのは，その資産に係る支出ないし負担の（㉔）的性質を理由とするものであるところ，このような支出ないし負担の（㉕）的性質は，本来，個人の（㉖）的な（㉗）によらずに，（㉘）的に判定されるべきものであることからすると，法施行令178条1項2号の要件該当性を判断する上でも，当該不動産の性質及び状況，所有者が当該不動産を取得するに至った経緯，当該不動産より所有者か受け又は受けることができた利益及び所有者が負担した支出ないし負担の性質，内容，程度等の諸般の事情を（㉙）的に考慮し，（㉚）的にその主たる所有目的を認定するのが相当である。」

【答え】❶生活，❷通常，❸限定，❹損益，❺損益，❻生活，❼通常，❽生活，❾損益，❿生活，⓫通常，⓬損益，⓭主観，⓮意思，⓯主観，⓰意思，⓱外部，⓲客観，⓳主観，⓴意思，㉑生活，㉒通常，㉓損益，㉔経済，㉕経済，㉖主観，㉗意思，㉘客観，㉙総合，㉚客観

確認問題【61】 最高裁平成9年9月9日判決

「 所得税法83条及び83条の2にいう「配偶者」は，（❶）義務者と（❷）上の（❸）関係にある者に限られると解するのが相当であり，… 」

【答え】❶納税, ❷法律, ❸婚姻

確認問題【62】　最高裁昭和36年10月13日判決

「　……法11条の3〔注：現行所得税法72条1項〕により控除される（❶）とは，納税義務者の（❷）に基かない，いわば（❸）による損失を指すことは，同条の規定上からも明らかであり，…」

【答え】❶雑損, ❷意思, ❸災難

確認問題【63】　最高裁平成20年9月12日判決

「　……法人税法が，（❶）法人等の所得のうち（❷）事業から生じた所得について，（❸）の事業を行うその他の内国（❹）との競争条件の（❺）を図り，課税の（❻）を確保するなどの観点からこれを課税の対象としていることにかんがみれば，宗教法人の行う上記のような形態を有する事業が法人税法施行令5条1項10号の請負業等に該当するか否かについては，事業に伴う財貨の移転が役務等の（❼）の支払として行われる性質のものか，それとも役務等の（❽）でなく喜捨等の性格を有するものか，また，当該事業が宗教法人以外の法人の一般的に行う事業と（❾）するものか否か等の観点を踏まえた上で，当該事業の目的，内容，態様等の諸事情を社会通念に照らして（❿）的に検討して判断するのが相当である。」

【答え】❶公益, ❷収益, ❸同種, ❹法人, ❺平等, ❻公平, ❼対価, ❽対価, ❾競合, ❿総合

確認問題【64】　福岡高裁平成2年7月18日判決

「　……右税法にいう「人格なき社団」なる概念は，もともと「（❶）なき社団」として認知された民事実体法上の概念を（❷）したもので，納税主体をこのような社団概念に準拠してこれを捕捉する以上は，民事実体法上の社団性概念にある程度（❸）されるのもやむを得ないことである。他方，ある事業主体の社団性の存否は，優れて実体法上の問題であり，社会的に事業主体，活動主体として実体法上その実在が肯認されることを基礎として，そこに取引主体等が形成され，訴訟当事者としての適格，強制執行の対象となる財産の区別等がされるに至るのである（本件ではまさに破産者が誰であるかにかかわる問題である。）。もっとも，（❹）法上，人格なき社団として課税の客体となり得るか否かも（❺）法上の問題ではあるが，その（❻）性が肯認されることが前提であり，その判断においては，（❼）性の点からも（❽）性の概念は民事（❾）法と（❿）的に解釈されるのが相当である。
　そこで，この点の判断につき，（⓫）なき社団の（⓬）法的要件について判断をした最一小判昭和39年10月15日（民集18巻8号1671頁）に示された要件を前提に，本会名をもってされた鼠講事業が（⓭）性区別の基準となる要件を充足させるものであったか否かにつき個々に検討する。」

【答え】❶権利能力, ❷借用, ❸拘束, ❹税, ❺実体, ❻社団, ❼法的安定, ❽社団, ❾実体, ❿一義, ⓫権利能力, ⓬実体, ⓭社団

確認問題【65】 最高裁平成5年11月25日判決

「……法人税法上，内国法人の各事業年度の所得の金額の計算上当該事業年度の（❶）の額に算入すべき金額は，（❷）があるものを除き，資本等取引以外の取引に係る（❸）の額とするものとされ（22条2項），当該事業年度の（❹）の額は，一般に（❺）と認められる（❻）の基準に従って計算すべきものとされている（同条4項）。したがって，ある（❼）をどの事業年度に計上すべきかは，一般に（❽）と認められる（❾）の基準に従うべきであり，これによれば，（❿）は，その（⓫）があった時，すなわち，その（⓬）すべき（⓭）が（⓮）したときの属する年度の（⓯）に計上すべきものと考えられる。もっとも，法人税法22条4項は，現に法人のした利益計算が法人税法の企図する（⓰）な所得計算という要請に反するものでない限り，課税所得の計算上もこれを是認するのが相当であるとの見地から，（⓱）を一般に（⓲）と認められる（⓳）の基準に従って計上すべきものと定めたものと解されるから，右の権利の確定時期に関する（⓴）を，法律上どの時点で権利の行使が可能となるかという基準を（㉑）の基準としてしなければならないとするのは相当でなく，取引の（㉒）的（㉓）からみて（㉔）的なものとみられる収益計上の基準の中から，当該法人が特定の基準を（㉕）し，（㉖）してその基準によって（㉗）を計上している場合には，法人税法上も右（㉘）を正当なものとして是認すべきである。しかし，その権利の（㉙）が（㉚）であるにもかかわらずこれを（㉛）に計上したり，既に（㉜）した（㉝）すべき（㉞）を（㉟）の回収を待って（㊱）に計上するなどの（㊲）は，一般に（㊳）と認められる（㊴）の基準に適合するものとは認め難いものというべきである。」

【答え】❶益金，❷別段の定め，❸収益，❹収益，❺公正妥当，❻会計処理，❼収益，❽公正妥当，❾会計処理，❿収益，⓫実現，⓬収入，⓭権利，⓮確定，⓯益金，⓰公平，⓱収益，⓲公正妥当，⓳会計処理，⓴会計処理，㉑唯一，㉒経済，㉓実態，㉔合理，㉕選択，㉖継続，㉗収益，㉘会計処理，㉙実現，㉚未確定，㉛収益，㉜確定，㉝収入，㉞権利，㉟現金，㊱収益，㊲会計処理，㊳公正妥当，㊴会計処理

確認問題【66】 最高裁平成7年12月19日判決

「 法人税法22条2項は，内国法人の各事業年度の所得の金額の計算上，（❶）による資産の譲渡に係る当該事業年度の（❷）の額を当該事業年度の（❸）の額に算入すべきものと規定しており，資産の（❹）譲渡も（❺）の発生原因となることを認めている。この規定は，法人が資産を他に譲渡する場合には，その譲渡が代金の受入れその他資産の増加を来すべき反対給付を伴わないものであっても，譲渡時における資産の（❻）な価額に相当する（❼）があると認識すべきものであることを明らかにしたものと解される。

 譲渡時における（❽）な価額より（❾）対価をもってする資産の（❿）譲渡は，法人税法22条2項にいう（⓫）による資産の譲渡に当たることはいうまでもないが，この場合にも，当該資産には譲渡時における（⓬）な価額に相当する（⓭）的価値が認められるのであって，たまたま（⓮）に収受した対価がそのうちの一部のみであるからといって（⓯）な価額との差額部分の（⓰）が認識され得ないものとすれば，前記のような取扱いを受ける（⓱）譲渡の場合との間の（⓲）を欠くことになる。したがって，右規定の趣旨からして，この場合に（⓳）の額に算入すべき（⓴）の額には，当該資産の譲渡の（㉑）の額のほか，これと右資産の譲渡時における（㉒）な価額との差額も含まれるものと解するのが相当である。……

 以上によれば，資産の（㉓）譲渡が行われた場合には，譲渡時における当該資産の（㉔）な

価額をもって法人税法22条2項にいう資産の譲渡に係る（㉕）の額に当たると解するのが相当である。……」

【答え】❶無償, ❷収益, ❸益金, ❹無償, ❺収益, ❻適正, ❼収益, ❽適正, ❾低い, ❿低額, ⓫有償, ⓬適正, ⓭経済, ⓮現実, ⓯適正, ⓰収益, ⓱無償, ⓲公平, ⓳益金, ⓴収益, ㉑対価, ㉒適正, ㉓低額, ㉔適正, ㉕収益

確認問題【67】 大阪高裁昭和53年3月30日判決

「　……法37条5項〔注：現行法人税法37条7項〕の規定からみれば，寄付金とは，その（❶）のいかんを問わず，金銭その他の資産又は（❷）的利益の（❸）又は（❹）の供与であつて，同項かつこ内所定の広告宣伝費，見本品費，交際費，接待費，福利厚生費等に当たるものを（❺）もののことである。寄付金が法人の（❻）を生み出すのに必要な（❼）といえるかどうかは，きわめて判定の困難な問題である。もしそれが法人の事業に関連を有しない場合は，明白に（❽）処分の性質をもつと解すべきであろう。しかし，法人がその支出した寄付金について損金経理をした場合，そのうちどれだけが（❾）の性質をもち，どれだけが（❿）処分の性質をもつかを（⓫）的に判定することが至難であるところから，法は，行政的（⓬）及び（⓭）の維持の観点から，一種のフィクションとして，統一的な（⓮）算入（⓯）額を設け，寄付金のうち，その範囲内の金額は（⓰）として（⓱）算入を認め，それを超える部分の金額は（⓲）に算入されないものとしている（法37条2項）。したがつて，（⓳）的利益の（⓴）の（㉑）等に当たることが肯定されれば，それが法37条5項かつこ内所定のものに該当しないかぎり，それが事業と関連を有し法人の（㉒）を生み出すのに必要な（㉓）といえる場合であつても，（㉔）性を失うことはないというべきである。
　　……本件無利息融資に係る右当事者間において通常ありうべき利率による利息相当額は，被控訴人が，Tからこれと（㉕）的意義を有するものと認められる（㉖）的利益の（㉗）を受けているか，あるいは，営利法人としてこれを受けることなく右利息相当額の利益を手離すことを首肯するに足る何らかの（㉘）的な経済（㉙）等のためにTにこれを（㉚）で供与したものであると認められないかぎり，（㉛）として取扱われるべきものであり，それが法37条5項かつこ内所定のものに該当しないかぎり，（㉜）の（㉝）不算入の限度で，本件第一，第二事業年度の（㉞）として計上されるべきこととなる。」

【答え】❶名義, ❷経済, ❸贈与, ❹無償, ❺除く, ❻収益, ❼費用, ❽利益, ❾費用, ❿利益, ⓫客観, ⓬便宜, ⓭公平, ⓮損金, ⓯限度, ⓰費用, ⓱損金, ⓲損金, ⓳経済, ⓴無償, ㉑供与, ㉒収益, ㉓費用, ㉔寄付金, ㉕対価, ㉖経済, ㉗供与, ㉘合理, ㉙目的, ㉚無償, ㉛寄付金, ㉜寄付金, ㉝損金, ㉞益金

確認問題【68】 東京高裁平成3年2月5日判決

「　……遺贈による法人の土地の取得は，法人税法22条2項所定の「（❶）による資産の譲受け」に当たるものとして当該事業年度の（❷）となる……。
　　……そして遺留分減殺請求があれば，遺留分を（❸）する限度において（❹）はその（❺）を失うが，受遺者は，現物の返還をするか価額弁償をするかの選択権があり，相当価額の弁償をすることにより，現物返還義務を免れることができる。しかも遺留分減殺請求権を行使する

かどうかも遺留分権者の（❻）である上，行使の時期も時効によって消滅するまで（❼）的ではない。のみならず，受遺者が価額弁償を選択した場合，弁償を条件として目的物の所有権が確保できる半面，弁償額は観念的には遺留分相当額であっても，現実に弁償すべき額は当事者双方の合意ないしは訴訟等により定まるのであるから，遺贈の効果の発生と遺留分減殺の具体的効果の発生との間に時間の経過が常に存するところ，後者の効果の発生が，相続を原因としてされた課税処分に相続開始時に（❽）して影響するものとすると，課税処分の効力を（❾）なものとし，（❿）的に（⓫）な基準に従って迅速に処理することが要請されている課税事務の円滑な遂行を著しく阻害することになる。これに対して，受贈益をいったん相続開始の事業年度における（⓬）として処理するとともに，遺留分減殺請求がされ，これに伴う具体的な受贈益の変動，すなわち具体的に価額弁償の額が決定され，受贈益の減少があった場合に，その（⓭）の事業年度において（⓮）として処理することとしても，受贈者の利益を甚しく害するものではない。したがって，右のような処理は，法律的効果の変動とも符合し，具体的な利益の実現状況にも即応するものであって，相当というべきである。……」

【答え】❶無償，❷収益，❸侵害，❹遺贈，❺効力，❻任意，❼確定，❽遡及，❾不安定，❿客観，⓫明確，⓬収益，⓭時点，⓮損金

確認問題【69】　最高裁大法廷昭和43年11月13日判決

「　……ここにいう損金とは，一般的には，法人の（❶）の（❷）をきたすべき（❸）を指すもので，例えば，（1）当該事業年度の収益に対応する売上原価，完成工事原価その他これらに準ずる原価，（2）直接には収益に対応しないその事業年度中の販売費，一般管理費（償却費以外の費用で当該事業年度終了の日までに債務の確定しないものを除く。），（3）当該事業年度の損失の額で資本等取引以外の取引に係るもの等は，いずれも当該事業年度の損金の額に算入されるべきものであろう（現行法人税法22条3項参照）。しかし，だからといって，法人の（❹）の原因となる事実のすべてが，当然に，法人所得金額の計算上，損金に算入されるべきものとはいえ（❺）のであって，例えば，資本取引と呼ばれる「資本の払戻し」のごときは，（❻）の原因となる事実であっても，法人所得金額の計算上は損金には含まれないというべきであり，また，いわゆる「利益の処分」のごときも，年度ごとの所得額が算定され，課税された後にはじめて可能となるものであるから，所得額算定の要素としての損金に含まれないことはいうまでもない。

　　右に説示したように，「資本の払戻し」や「利益の処分」以外において（❼）の原因となる「事業経費」は，原則として，損金となるものというべきであるが，仮りに，経済的・実質的には事業経費であるとしても，それを法人税法上損金に算入することが許されるかどうかは，別個の問題であり，そのような事業経費の（❽）自体が法律上（❾）されているような場合には，少なくとも法人税法上の取扱いのうえでは，損金に算入することは許され（❿）ものといわなければならない。」

【答え】❶純資産，❷減少，❸損失，❹純資産減少，❺ない，❻純資産減少，❼純資産減少，❽支出，❾禁止，❿ない

確認問題【70】 最高裁平成6年9月16日決定

「 法人税法は，内国法人の各事業年度の所得の金額の計算上当該事業年度の（❶）の額に算入すべき金額は，別段の定めがあるものを除き，売上原価等の原価の額，販売費，一般管理費その他の費用の額，損失の額で資本等取引以外の取引に係るものとし（22条3項），これらの額は，（❷）に（❸）と認められる（❹）の基準（以下「公正処理基準」という。）に従って計算されるものとしている（同条4項）。…この場合，架空の経費を計上して所得を秘匿することは，（❺）に反する会計処理であり，公正処理基準に照らして否定されるべきものであるところ，右手数料は，架空の経費を計上するという会計処理に協力したことに対する対価として支出されたものであって，公正処理基準に反する処理により法人税を免れるための費用というべきであるから，このような支出を（❻）又は（❼）として（❽）の額に算入する会計処理もまた，公正処理基準に従ったものであるということはでき（❾）と解するのが相当である。……」

【答え】❶損金，❷一般，❸公正妥当，❹会計処理，❺事実，❻費用，❼損失，❽損金，❾ない

確認問題【71】 最高裁平成16年10月29日判決

「 前記1の認定事実及び記録によれば，（1）牛久市は，都市計画法上の同意権を背景として，被告会社に対し本件改修工事を行うよう求めたものであって，被告会社は，（❶）上その（❷）を支出せざるを得ない（❸）に置かれていたこと，（2）同工事の（❹）等は，牛久市側の方針の変更に伴い変遷しているものの，被告会社が支出すべき（❺）の額は，（❻）第1案の工費に相当する金額であったこと，（3）被告会社は，昭和62年9月ころに建設会社にこれを見積もらせるなど，同年9月末日までの時点において既にその（❼）を見込んでいたこと，などが明らかである。これらの事実関係に照らすと，当期終了の日である同年9月末日において，被告会社が近い将来に上記（❽）を（❾）することが相当程度の（❿）性をもって見込まれており，かつ，同日の（⓫）によりその（⓬）を（⓭）に見積もることが可能であったとみることができる。このような事情がある場合には，当該事業年度終了の日までに当該（⓮）に係る（⓯）が（⓰）していないときであっても，上記の見積金額を法人税法22条3項1号にいう「当該事業年度の収益に係る売上原価」の額として当該事業年度の（⓱）の額に算入することができると解するのが相当である。」

【答え】❶事実，❷費用，❸立場，❹内容，❺費用，❻終始，❼支出，❽費用，❾支出，❿確実，⓫現況，⓬金額，⓭適正，⓮費用，⓯債務，⓰確定，⓱損金

確認問題【72】 山口地裁昭和56年11月5日判決

「 ……原告が損金計上した右取付費用が法人税法22条3項1号，2号のいずれに該当するものであるかはともかく，そのいずれであるにしても，右取付費用は当該事業年度終了の日までに（❶）として（❷）していなければならないのであり（法人税法22条3項2号，法人税基本通達2－1－4〔注：当時〕参照），そして右（❸）の（❹）ありといいうるためには，当該事業年度の終了の日までに，（1）（❺）が（❻）していること，（2）当該（❼）に基づいて具

体的な給付をすべき（**❽**）となる（**❾**）が（**❿**）していること，（3）金額を（**⓫**）的に（**⓬**）できること，という三つの要件を全て充たしていなければならない（法人税基本通達2-1-15〔注：当時。現行法人税基本通達2-2-12〕参照）と解するのが相当である。」

【答え】**❶**債務，**❷**確定，**❸**債務，**❹**確定，**❺**債務，**❻**成立，**❼**債務，**❽**原因，**❾**事実，**❿**発生，**⓫**合理，**⓬**算定

確認問題【73】 最高裁平成16年12月24日判決

「……法人の各事業年度の所得の金額の計算において，金銭債権の（**❶**）を法人税法22条3項3号にいう「当該事業年度の（**❷**）の額」として当該事業年度の（**❸**）の額に算入するためには，当該金銭債権の全額が（**❹**）であることを要すると解される。そして，その（**❺**）が（**❻**）であることは（**❼**）的に明らかでなければならないが，そのことは，（**❽**）者の（**❾**）状況，（**❿**）等の（**⓫**）者側の事情のみならず，（**⓬**）に必要な（**⓭**），（**⓮**）額と（**⓯**）費用との比較衡量，（**⓰**）を強行することによって生ずる他の債権者とのあつれきなどによる経営的損失等といった（**⓱**）者側の事情，経済的環境等も踏まえ，（**⓲**）に従って（**⓳**）的に判断されるべきものである。」

【答え】**❶**貸倒損失，**❷**損失，**❸**損金，**❹**回収不能，**❺**全額，**❻**回収不能，**❼**客観，**❽**債務，**❾**資産，**❿**支払能力，**⓫**債務，**⓬**債権回収，**⓭**労力，**⓮**債権，**⓯**取立，**⓰**債権回収，**⓱**債権，**⓲**社会通念，**⓳**総合

確認問題【74】 東京高裁昭和54年10月30日判決

「……詐欺行為に因る被害の額は，盗難，横領による被害の場合と同じく，財産を不法に領得されたことに因る損害として，法人税法第22条第3項第3号にいう（**❶**）の額に該当するものと解すべきであり，右不法行為の被害者として法人が（**❷**）権の行使によって取得すべき金額は，同法同条第2項の資本等取引以外のものに係る（**❸**）の額に該当するものと解されるところ，法人税法は，原判決の説示するように，期間損益決定のための原則として，（**❹**）主義のうち（**❺**）主義をとり，（**❻**）についてはその収受すべき（**❼**）の（**❽**）の時，（**❾**）については履行すべき（**❿**）の（**⓫**）した時を，それぞれの事業年度帰属の基準にしているものと解せられるが，その（**⓬**）の発生ないし（**⓭**）の確定については，（**⓮**），（**⓯**）の発生からその満足ないし履行済に至るまで，種々の時点をもつて考えることができ，そのいずれをもつて妥当とすべきかについては，見解の分れるところであるけれども，帰するところ，（**⓰**）の発生（**⓱**），（**⓲**）の確定が（**⓳**）的となり，かつ，それが社会通念に照らして（**⓴**）であるとされれば足り，これをもつて十分であると解すべきである。従つて，当事者の（㉑）上の訴追，或いは損害賠償等（㉒）上の権利行使がなされたとしても，それは（㉓）の発生，（㉔）の確定を認定する一資料とされるとしても，直接それとの関係を有するものではないし，また，被控訴人の主張するように，（㉕）判決ないし（㉖）判決が（㉗）しなければならないものではないのである。
　しかして，所得金額を計算するにあたり，同一原因により（㉘）と（㉙）が発生しその両者の額が互に時を隔てることなく確定するような場合に，便宜上　両者の額を（㉚）勘定して残額につき単に（㉛）若しくは（㉜）として計上することは（㉝）上許されるとしても，（㉞），（㉟）のそれぞれの項目につき金額を明らかにして計上すべきものとしている制度本来の趣旨からす

れば，（㉟）及び（㊱）はそれが同一原因によつて生ずるものであつても，各個（㊲）に（㊳）すべきことを原則とし，従つて，両者互に他方の（㊴）を待たなければ当該事業年度における（㊵）をさまたげるという関係に立つものではないと解するのが相当である。……」

【答え】 ❶損失，❷損害賠償請求，❸収益，❹発生，❺権利確定，❻益金，❼権利，❽確定，❾損金，❿義務，⓫確定，⓬権利，⓭義務，⓮権利，⓯義務，⓰権利，⓱義務，⓲具体，⓳明確，⓴刑事，㉑民事，㉒権利，㉓義務，㉔刑事，㉕民事，㉖確定，㉗収益，㉘損失，㉙相殺，㉚収益，㉛損失，㉜実務，㉝益金，㉞損金，㉟収益，㊱損失，㊲独立，㊳確定，㊴確定，㊵確定

確認問題【75】 東京高裁平成4年9月24日判決

「 法人税法37条は，どのような名義をもってするものであっても，法人が金銭その他の資産又は経済的な利益の（❶）又は（❷）の供与をした場合には，広告宣伝及び見本品の費用その他これに類する費用等とされるものを除いて，これを（❸）金として扱い，その価額については，一定の（❹）算入限度額をこえる部分を，その法人の所得の金額の計算上（❺）の額に算入しないものとしている（同条2項〔注：現行法1項〕及び6項〔注：現行法7項〕）。すなわち，広告宣伝費や見本品の費用といったいわゆる営業費用として支出されるものを除いて，法人のする第三者のための債権の（❻），（❼）や経済的利益の（❽）の供与については，その価額を（❾）金として扱うべきものとしているのである。
　もっとも，例えば，法人が第三者に対して債権の（❿）等を行う場合であっても，その債権の回収が可能であるのにこれを（⓫）するというのではなく，その回収が不能であるためにこれを（⓬）する場合や，また，法人が第三者のために（⓭）の負担を行う場合であっても，その負担をしなければその者との密接な関係からして逆により大きな（⓮）を被ることが明らかであるため，やむを得ずその負担を行うといった場合，その経済的利益の供与につき（⓯）取引として十分首肯し得る（⓰）的理由がある場合には，（⓱）的にみると，これによって相手方に経済的利益を（⓲）で供与したものとはいえないこととなるから，これを（⓳）金として扱うことは相当でないものと考えられる。」

【答え】 ❶贈与，❷無償，❸寄付，❹損金，❺損金，❻放棄，❼免除，❽無償，❾寄付，❿放棄，⓫放棄，⓬放棄，⓭損失，⓮損失，⓯経済，⓰合理，⓱実質，⓲無償，⓳寄附

確認問題【76】 大阪高裁昭和59年6月29日判決

「 法人税法22条2項の（❶）の額を判断するに当つて，その（❷）が（❸）によつて生じているときは，法に特別の規定がない限り，その（❹）の全（❺），つまり（❻）をも含めた全（❼）に従つて（❽）の額を定めるべきものである。もし，（❾）のうち，民法等に定めのない（❿）の約定の部分を全て省いて（⓫）の額を判断するというのでは，実質的には（⓬）が（⓭）のに課税が行われ，あるいは実質的には（⓮）が（⓯）のに課税が行えないという不合理が生ずるであろう。……
　租税（⓰）の目的で行われた取引行為であつても，どの限度でこれを否認できるかは，法の（⓱）の規定，租税法の一般原則や解釈に従つて行われるべきもので，租税（⓲）行為であるだけの理由でその効果を全て否定できるものではない。……

「⑲譲渡があつた場合には，その⑳部分にも㉑があり，それが譲受人に㉒的に㉓されたものとする法人税法22条2項，37条6項〔注：現行法人税法37条8項〕は，譲渡人が譲渡価額よりもより高価に譲渡できるのに，経済人としては不合理にも，それよりも㉔に譲渡した場合に適用されるのであつて，譲渡価額よりも高額に譲渡できる利益，権利，地位を有していなかつたときは，より高額に譲渡しなかつたからといつて，自己の有していたところを不当にも低く譲渡したとして同法37条6項を適用することはでき㉕）。……」

【答え】❶収益，❷収益，❸契約，❹契約，❺内容，❻特約，❼契約内容，❽収益，❾契約，❿特別，⓫収益，⓬収益，⓭ない，⓮収益，⓯ある，⓰回避，⓱明文，⓲回避，⓳低額，⓴差額，㉑収益，㉒実質，㉓贈与，㉔低額，㉕ない

確認問題【77】 東京高裁平成5年6月28日判決

「　……租税特別措置法62条3項は「交際費等とは，❶費，❷費，❸費その他の費用で，法人が，その❹先，❺先その他❻に❼ある者等に対する❽，❾，❿，⓫その他これらに類する行為のために支出するもの（専ら従業員の慰安のために行われる運動会，演芸会，旅行等のために通常要する費用その他政令で定める費用を除く。）をいう。」と規定しており，また，交際費等が，一般的にその支出の⓬及び支出の⓭からみて，得意先との⓮の度を⓯にして⓰関係の⓱な進行を図るために支出するものと理解されているから，その要件は，第一に支出の⓲が⓳に⓴のある者であること，第二に支出の㉑がかかる㉒に対する㉓，㉔，㉕，㉖その他これらに類する行為のためであること，にあるというべきである。」

【答え】❶交際，❷接待，❸機密，❹得意，❺仕入，❻事業，❼関係，❽接待，❾供応，❿慰安，⓫贈答，⓬相手方，⓭目的，⓮親睦，⓯密，⓰取引，⓱円滑，⓲相手方，⓳事業，⓴関係，㉑目的，㉒相手方，㉓接待，㉔供応，㉕慰安，㉖贈答

確認問題【78】 最高裁昭和43年5月2日判決

「　……おもうに，欠損金額の繰越控除とは，いわば欠損金額の生じた事業年度と所得の申告をすべき年度との間における事業年度の障壁を取り払つてその成果を通算することにほかならない。これを認める法9条5項の立法趣旨は，原判決の説示するように，各事業年度毎の所得によつて課税する原則を貫くときは所得額に変動ある数年度を通じて所得計算をして課税するのに比して❶が過重となる場合が生ずるので，その❷を図るためにある。されば，欠損金額の繰越控除は，それら事業年度の間に経理方法に❸した❹性が❺維持されることを前提としてはじめて認めるのを妥当とされる性質のものなのであつて，合併会社に被合併会社の経理関係全体がそのまま❻するものとは考えられない合併について，所論の❼の❽は❾せざるをえない。…結局，合併による欠損金額の引継，その繰越控除の❿の⓫のごときは，⓬上の問題というべく，それを合理化するような条件を定めて制定された特別な⓭があつてはじめて認めうるものと解するのが相当であり，所論の商法103条，法3条の規定も，右のように解するのにつきなんら妨げとなるものではない。……」

【答え】❶税負担，❷緩和，❸一貫，❹同一，❺継続，❻継続，❼特典，❽承継，❾否定，❿特典，⓫承継，⓬立法政策，⓭立法

確認問題【79】 最高裁平成21年7月10日判決

「……（❶）税額（❷）の制度について定める法人税法68条1項は，内国法人が支払を受ける利子及び配当等に対し法人税を賦課した場合，当該利子及び配当等につき源泉徴収される（❸）税との関係で（❹）課税主体による（❺）課税が生ずることから，これを（❻）する趣旨で，当該利子及び配当等に係る（❼）税の額を当該事業年度の（❽）に対する法人税の額から（❾）する旨規定している。

もっとも，同条3項は，同条1項の規定は確定申告書に同項の規定による（❿）を受けるべき金額及びその計算に関する明細の記載がある場合に限り適用するものとし，この場合において，同項の規定による（⓫）をされるべき金額は，当該金額として（⓬）された金額を限度とする旨規定している。なお，同法40条は，同法68条1項の規定の適用を受ける場合には，同項の規定による（⓭）をされる金額に相当する金額は，当該事業年度の所得の計算上，損金の額に算入しない旨規定している（平成14年法律第79号による改正前においても同様である。）。

これらの規定に照らすと，同条3項は，納税者である法人が，確定申告において，当該事業年度中に支払を受けた配当等に係る（⓮）税額の全部又は一部につき，（⓯）税額（⓰）制度の適用を受けることを選択しなかった以上，後になってこれを覆し，同制度の適用を受ける範囲を（⓱）的に（⓲）する趣旨で（⓳）の請求をすることを許さないこととしたものと解される。」

【答え】❶所得，❷控除，❸所得，❹同一，❺二重，❻排除，❼所得，❽所得，❾控除，❿控除，⓫控除，⓬記載，⓭控除，⓮所得，⓯所得，⓰控除，⓱追加，⓲拡張，⓳更正

確認問題【80】 福岡高裁宮崎支部昭和55年9月29日判決

「……法人税法132条1項は，同族会社の（❶），（❷）に関し「法人税の負担を（❸）に（❹）させる（❺）となると認められるものがあるとき」には，（❻）の認めるところにより，その法人の法人税の課税標準もしくは欠損金額又は法人税の額を（❼）することができるというものであるが，右規定は法人の選択した（❽），（❾）が実在し（❿）上（⓫）であつても，いわゆる（⓬）課税の原則及び租税負担（⓭）の原則の見地から，これを（⓮）し，（⓯）あるべき（⓰），（⓱）を想定し，これに従い税法を適用しようとするものであることにかんがみれば，「法人税の負担を（⓲）に（⓳）させる（⓴）になる」と認められるか否かは，専ら（㉑）的（㉒）的見地において，法人の（㉓），（㉔）が（㉕）人の（㉖）として（㉗）（㉘）なものと認められるかどうかを基準として判断すべきものである。これを法人の製品販売の（㉙），（㉚）についてみれば，その販売価額が通常の販売価額（時価）に比し（㉛）に低価であつて，（㉜）的取引としては（㉝），（㉞）と認められるかどうかがその判断基準とされるべきである。」

【答え】❶行為，❷計算，❸不当，❹減少，❺結果，❻税務署長，❼計算，❽行為，❾計算，❿私法，⓫有効，⓬実質，⓭公平，⓮否認，⓯通常，⓰行為，⓱計算，⓲不当，⓳減少，⓴結果，㉑経済，㉒実質，㉓行為，㉔計算，㉕経済，㉖行為，㉗不合理，㉘不自然，㉙行為，㉚計算，㉛異常，㉜経済，㉝不合理，㉞不自然

確認問題【81】　最高裁昭和48年12月14日判決

「　法人税法132条に基づく同族会社等の行為計算の（❶）は，（❷）法人税の関係においてのみ，（❸）された（❹）に代えて課税庁の（❺）と認めるところに従い（❻）を行なうというものであつて，もとより（❼）になされた（❽）そのものに（❾）的変動を生ぜしめるものではない。したがつて，本件法人税に関する原判示第一次更正処分において上告人の行為計算が（❿）され，その（⓫）額が上告人から甲に対する役員賞与として上告人の益金に算入されたとしても，Aに対する（⓬）税の関係にはなんら影響を及ぼすものではなく，同人の（⓭）税に関して行なわれた原判示徴収処分は，右第一次更正処分とはかかわりなく，（⓮）税法によって法律上当然に確定した源泉徴収義務についてその履行を求めるものであると解すべきである。……」

【答え】❶否認，❷当該，❸否認，❹行為計算，❺適正，❻課税，❼現実，❽行為計算，❾実体，❿否認，⓫否認，⓬所得，⓭所得，⓮所得．

確認問題【82】　東京地裁平成元年4月17日判決

「　……ところで，その所有する貸ビル及び貸駐車場の管理を法人税法2条10号に所定の同族会社である不動産管理会社に委託している者が支払つた管理料について，それが所得税法157条に基づく行為計算の否認の（❶）となるか否かを判断し，また，否認すべきものとした場合における適正な管理料を（❷）するためには，右のような同族関係に（❸）不動産管理会社に（❹）程度の貸ビル又は貸駐車場の管理を委託している（❺）者が当該不動産管理会社に支払つた管理料の金額の賃貸料収入の金額に対する割合との（❻）の方法によって，（❼）であれば支払われるであろう（❽）的な管理料の金額を算出し，これと（❾）の支払管理料の金額とを（❿）検討することが，合理的な方法であるものと解すべきである。」

【答え】❶対象，❷計算，❸ない，❹同規模，❺同業，❻比準，❼通常，❽標準，❾現実，❿比較．

確認問題【83】　最高裁昭和39年10月22日判決

「　……そもそも所得税法が右のごとく，（❶）納税制度を採用し，確定申告書記載事項の過誤の是正につき特別の規定を設けた所以は，所得税の課税標準等の決定については最もその間の事情に通じている納税義務者自身の申告に基づくものとし，その過誤の是正は法律が特に認めた場合に限る建前とすることが，租税債務を可及的速かに確定せしむべき国家財政上の要請に応ずるものであり，納税義務者に対しても過当な不利益を強いる虞がないと認めたからにほかならない。従つて，確定申告書の記載内容の過誤の是正については，その（❷）が（❸）的に（❹）且つ（❺）であつて，前記所得税法の定めた方法以外にその是正を許さないならば，納税義務者の利益を著しく害すると認められる（❻）の事情がある場合でなければ，所論のように法定の方法によらないで記載内容の錯誤を主張することは，許され（❼）ものといわなければならない。」

【答え】❶申告，❷錯誤，❸客観，❹明白，❺重大，❻特段，❼ない．

確認問題【84】 最高裁平成18年10月24日判決

「 （❶）申告加算税は，（❷）申告による納税義務違反の事実があれば，原則としてその違反者に対して課されるものであり，これによって，（❸）から（❹）に（❺）し（❻）した納税者との間の客観的不（❼）の実質的な是正を図るとともに，（❽）申告による納税義務違反の発生を防止し，（❾）な（❿）納税の実現を図り，もって納税の実を挙げようとする（⓫）上の（⓬）である。この趣旨に照らせば，（⓭）申告があっても（⓮）的に（⓯）申告加算税が課されない場合として国税通則法65条4項が定めた「（⓰）があると認められる」場合とは，真に（⓱）の（⓲）に帰することのできない（⓳）的な事情があり，上記のような（⓴）申告加算税の（㉑）に照らしてもなお納税者に（㉒）申告加算税を賦課することが（㉓）又は（㉔）になる場合をいうものと解するのが相当である（最高裁平成17年（行ヒ）第9号同18年4月20日第一小法廷判決・民集60巻4号1611頁，最高裁平成16年（行ヒ）第86号，第87号同18年4月25日第三小法廷判決・民集60巻4号1728頁参照）。」

【答え】❶過少，❷過少，❸当初，❹適正，❺申告，❻納税，❼公平，❽過少，❾適正，❿申告，⓫行政，⓬措置，⓭過少，⓮例外，⓯過少，⓰正当な理由，⓱納税者，⓲責め，⓳客観，⓴過少，㉑趣旨，㉒過少，㉓不当，㉔酷

確認問題【85】 最高裁平成17年1月17日判決

「 国税通則法70条5項の文理及び立法趣旨にかんがみれば，同項は，納税者（❶）が（❷）その他（❸）の行為を行った場合に限らず，納税者から申告の（❹）を受けた者が（❺）その他（❻）の行為を行い，これにより（❼）が税額の全部又は一部を免れた場合にも適用されるものというべきである。……」

【答え】❶本人，❷偽り，❸不正，❹委任，❺偽り，❻不正，❼納税者

判例索引

昭和 30 ～ 40 年

最大判昭 30・3・23 民集 9-3-336　　固定資産税名義人課税主義事件 ……………6, 10, 11, 174
最判昭 33・3・28 民集 12-4-624　　パチンコ球遊機事件 ……………………………………22, 178
最判昭 35・10・7 民集 14-12-2420　　鈴や金融株式会社事件 ……… 28, 29, 31, 63, 64, 179, 188
最判昭 36・10・13 民集 15-9-2332　　「災難」事件 …………………………………………124, 203
最判昭 36・10・27 民集 15-9-2357　　勧業経済株式会社事件 ……………………… 30, 63, 179
最大判昭 37・2・21 刑集 16-2-107 ……………………………………………………………………10
最大判昭 37・2・28 刑集 16-2-212　　株式会社月ケ瀬事件 …………………………… 18, 177
最判昭 37・3・16 集民 59-393, 税資 36-220 ……………………………………………………56, 57
最判昭 37・8・10 民集 16-8-1749　　通勤定期券課税事件 ………………………… 92, 95, 195
最判昭 39・10・15 民集 18-8-1671 …………………………………………………………… 128, 129
最判昭 39・10・22 民集 18-8-1762　　共同相続立木譲渡事件 ……………… 60, 166, 187, 212
東京高判昭 39・12・9 行集 15-12-2307　　協和興業事件 ……………………………… 62, 187

昭和 41 ～ 50 年

最判昭 43・5・2 民集 22-5-1067　　行田電線株式会社事件 …………………………… 156, 210
最判昭 43・10・31 月報 14-12-1442　　榎本家事件 ………………… 66, 71, 73, 75, 77, 83, 188
最大判昭 43・11・13 民集 22-12-2449　　東光商事株式会社事件 ………………… 138, 141, 206
大阪高判昭 44・9・30 高裁民集 22-5-682　　スコッチライト事件 ………………………… 20, 178
最判昭 46・11・9 民集 25-8-1120　　利息制限法違反利息事件 ……………… 45, 46, 107, 183
最判昭 48・4・26 民集 27-3-629　　冒用登記事件 ……………………………………………58, 186
高松地判昭 48・6・28 行集 24-6=7-511　　高松市塩田宅地分譲事件 ………………… 106, 198
最判昭 48・12・14 月報 20-6-146　　株式会社塚本商店事件 …………………………… 162, 212
最判昭 49・3・8 民集 28-2-186　　雑所得貸倒分不当利得返還請求事件 …… 108, 111, 199
名古屋高金沢支判昭 49・9・6 行集 25-8=9-1096　　嶋モータース事件 ………………… 102, 198
最判昭 50・5・27 民集 29-5-641　　名古屋医師財産分与事件 …… 68, 71, 73, 75, 77, 82, 83, 188

昭和 51 ～ 60 年

札幌高判昭 51・1・13 月報 22-3-756　　光楽園旅館事件 ……………………………… 12, 161, 176
最判昭 53・2・24 民集 32-1-43　　仙台家賃増額請求事件 …………………………… 112, 200
最判昭 53・3・16 月報 24-4-840　　事業所得貸倒分不当利得返還請求事件 …………… 114, 200
大阪高判昭 53・3・30 高裁民集 31-1-63　　清水惣事件 …………………………………… 134, 205
最判昭和 53・4・21 月報 24-8-1694 ……………………………………………………………………13
最大判昭 53・7・12 民集 32-5-946 ……………………………………………………………………17

大阪地判昭 54・5・31 行集 30-5-1077　マンション建設承諾料事件 …………………………54, 185
岡山地判昭 54・7・18 行集 30-7-1315　ハワイ 5 泊 6 日旅行事件 ………………… 94, 97, 195
東京高判昭 54・10・30 月報 26-2-306　日本総合物産事件 ……………………………… 148, 208
福岡高宮崎支判昭 55・9・29 行集 31-9-1982
　　　　南日本高圧コンクリート株式会社事件 ……………………………… 13, 160, 163, 211
京都地判昭 56・3・6 行集 32-3-342　大嶋別訴第一審判決 …………………………… 90, 194
最判昭 56・4・24 民集 35-3-672　弁護士顧問料事件 ……………………………… 84, 91, 193
大阪高判昭 56・7・16 行集 32-7-1054　株式会社藤松事件 ……………………………… 48, 184
山口地判昭 56・11・5 行集 32-11-1916　株式会社ケーエム事件 …………………… 144, 207
仙台高秋田支判昭 57・7・23 行集 33-7-1616　秋田市国民健康保険税事件 ………… 14, 176
最判昭 58・9・9 民集 37-7-962　5 年退職事件 ……………………………………… 98, 196
神戸地判昭 59・3・21 月報 30-8-1485　中高年齢者雇用開発給付金事件 …………… 44, 183
大阪高判昭 59・6・29 行集 35-6-822　PL 農場事件 ……………………………………… 152, 209
最大判昭 60・3・27 民集 39-2-247　大嶋訴訟 ……………………………… 2, 5, 7, 11, 17, 174
名古屋地判昭 60・4・26 民集 36-4-589　会社取締役商品先物取引事件 …………… 100, 197

昭和 61 ～ 63 年

福岡地判昭 62・7・21 月報 34-1-187　九州電力検針員事件 ……………………… 88, 91, 194
東京高判昭 62・9・9 行集 38-8=9-987　浜名湖競艇場用地事件 ……………………… 82, 193
最判昭 62・10・30 月報 34-4-853　酒類販売業者青色申告事件 ………………………… 42, 182
大阪高判昭 63・3・31 月報 34-10-2096　香港 2 泊 3 日旅行事件 ……………… 95, 96, 196

平成元～ 10 年

東京地判平元・4・17 月報 35-10-2004　株式会社エス・アンド・テイー事件 ……… 164, 212
最判平元・9・14 判時 1336-93　錯誤による財産分与契約事件 ……………………… 34, 180
福岡高判平 2・7・18 月報 37-6-1092　ネズミ講事件 …………………………… 63, 128, 203
名古屋地判平 2・11・30 行集 41-11=12-1921　貸倒損失訴訟事件 …………………… 116, 201
東京高判平 3・2・5 行集 42-2-199　有限会社柿木荘事件 …………………………… 136,205
東京地判平 3・2・28 行集 42-2-341　分与土地一体譲渡事件 ……………………… 78, 192
松山地判平 3・4・18 月報 37-12-2205　川之江市井地山造成地事件 …… 70, 73, 75, 77, 83, 189
東京高判平 3・6・6 月報 38-5-878　歯科医院親子共同経営事件 …………………… 56, 186
最判平 3・10・17 月報 38-5-911 ……………………………………………………………… 123
最判平 4・2・18 民集 46-2-77　日光貿易事件 ………………………………………… 52, 185
最判平 4・7・14 民集 46-5-492　支払利子付随費用判決 ………………………… 74, 77, 83, 191
東京高判平 4・9・24 行集 43-8=9-1181　太陽物産売上値引事件 …………………… 150, 209
最判平 4・12・15 民集 46-9-2829　酒類販売免許制合憲判決 ……………………… 4, 7, 174
東京高判平 5・6・28 行集 44-6=7-506　荒井商事オートオークション事件 ………… 154, 210
最判平 5・11・25 民集 47-9-5278　大竹貿易株式会社事件 …………………………… 130, 204
最判平 6・9・13 判時 1513-97　土地代償分割事件 ……………………………………… 80, 192
最決平 6・9・16 刑集 48-6-357　株式会社エス・ヴイ・シー事件 ………………107, 140, 207

東京高判平 7・11・28 行集 46-10=11-1046　共同組合員登録免許税軽減事件……………10, 175
最判平 7・12・19 民集 49-10-3121　南西通商株式会社事件 ………………………132, 137, 204
福岡高那覇支判平 8・10・31 行集 47-10-1067　沖縄補償金事件控訴審判決 ………110, 199
最判平 9・9・9 月報 44-6-1009　事実婚「配偶者控除」訴訟 ……………………63, 122, 202
最判平 9・11・11 月報 45-2-421　レーシングカー物品税事件 ………………………24, 178
大阪高判平 10・1・30 税資 230-337　賃貸用土地贈与事件 ……………………………104, 198
東京地判平 10・2・24 判タ 1004-142　岩手リゾートホテル事件 ……………………120, 202

平成 11 〜 20 年

東京高判平 11・6・21 高裁民集 52-1-26　相互売買事件 ……………………………38, 181
最判平 13・7・13 月報 48-7-1831　りんご生産組合事件 …………………………86, 91, 194
大阪高判平 14・7・25 月報 49-5-1617　尼崎市相続土地喪失事件 ……………………36, 181
東京高判平 15・9・9 判時 1834-28 ……………………………………………………………155
東京高判平 16・6・9 判時 1891-18 ……………………………………………………………119
最判平 16・10・29 刑集 58-7-697　牛久市売上原価見積事件 ……………142, 145, 207
最判平 16・11・2 月報 51-10-2615　弁護士夫婦事件 ……………………………118, 201
最判平 16・12・24 民集 58-9-2637　興銀事件 ………………………………………146, 208
最判平 17・1・17 民集 59-1-28　委任税理士の脱税事件 …………………………170, 213
最判平 17・1・25 民集 59-1-64 ………………………………………………………85, 91, 169
最判平 17・2・1 月報 52-3-1034　ゴルフ会員権贈与事件 ……………72, 75, 77, 83, 190
最判平 17・12・19 民集 59-10-2964　外国税額控除余裕枠りそな銀行事件 …………40, 182
最大判平 18・3・1 民集 60-2-587　旭川市国民健康保険条例事件 ……………8, 11, 175
最判平 18・4・20 月報 53-9-2692　土地改良区決済金事件 …………………………76, 83, 192
最判平 18・10・24 民集 60-8-3128　ストック・オプション「正当な理由」事件 ……168, 213
東京地判平 19・4・17 判時 1986-23　レポ取引事件 …………………………………32, 63, 180
最判平 20・9・12 判時 2022-11　ペット葬祭業事件 ……………………………………126, 203
福岡高判平 20・10・21 判時 2035-20　福岡マンション譲渡損失事件 …………………16, 177

平成 21 年〜

最判平 21・7・10 民集 63-6-1092　南九州コカコーラ・ボトリング株式会社事件 ……158, 211
最判平 22・3・22 判時 2078-8　ホステス源泉徴収事件 ………………………………26, 179
最判平 22・7・6 判時 2079-20　年金払い生命保険金二重課税事件 ………………50, 184
最判平 23・1・14 金法 1916-48 ………………………………………………………………19
最判平 23・2・18 判タ 1345-115 ………………………………………………………………63

【著 者】
木山 泰嗣（きやま ひろつぐ）

弁護士（鳥飼総合法律事務所）。横浜生まれ。上智大学法学部卒。税務訴訟および税務に関する法律問題を専門にする。主な担当事件に，ストック・オプション税務訴訟などがある。2011年度から青山学院大学法科大学院で「租税法演習」を担当（客員教授）。その他，執筆や講演・セミナーなども行う。代表作に『弁護士が書いた究極の勉強法』（法学書院），『弁護士が書いた究極の文章術』（同），『小説で読む民事訴訟法』（同）などがある。

税法に関する著書に『税務訴訟の法律実務』（弘文堂・第34回日税研究賞「奨励賞」受賞），『事例詳解 税務訴訟』（共著・清文社），『判例解説 税理士の損害賠償責任』（共著・大蔵財務協会）などの専門書のほか，税務訴訟を小説で描いた『小説で読む行政事件訴訟法』（法学書院）がある。『憲法がしゃべった。』（すばる舎），『もっと論理的な文章を書く』（実務教育出版）などの一般書も多い。

ブログ：税務訴訟Q＆A（弁護士 木山泰嗣のブログ）
ツイッター：@kiyamahirotsugu

租税法重要「規範」ノート

平成23年10月15日　初版1刷発行

著　者	木山 泰嗣	
発行者	鯉渕 友南	
発行所	株式会社 弘文堂	〒101-0062　東京都千代田区神田駿河台1の7 TEL 03(3294)4801　振替 00120-6-53909 http://www.koubundou.co.jp
装　丁	笠井 亞子	
組　版	スタジオトラミーケ	
印　刷	大盛印刷	
製　本	井上製本所	

©2011　Hirotsugu Kiyama. Printed in Japan
JCOPY　〈(社)出版者著作権管理機構 委託出版物〉
本書の無断複写は著作権法上での例外を除き禁じられています。複写される場合は、そのつど事前に、(社)出版者著作権管理機構（電話 03-3513-6969、FAX 03-3513-6979、e-mail: info@jcopy.or.jp）の許諾を得てください。
また本書を代行業者等の第三者に依頼してスキャンやデジタル化することは、たとえ個人や家庭内の利用であっても一切認められておりません。

ISBN978-4-335-35510-3

― 租税法の本 ―

租税法 [第16版]
金子 宏

【法律学講座双書】 平成23年度税制改正大綱にもふれた租税法の全てを詳説した基本書の最新版。グループ法人税制の導入、タックス・ヘイブン対策税制の改正等、平成22年度改正にも完全対応。 5600円

ケースブック租税法 [第3版]
金子宏・佐藤英明・増井良啓・渋谷雅弘 編著

具体的な事実に即して法の適用と判例法の形成が学べ、実務の能力と感覚を養える判例教材。法改正、最新重要判例・文献を加え、詳細かつ難易度付きのNotes & Questionsでパワーアップの最新版。 4500円

税法基本講義 [第2版]
谷口勢津夫

税法の基礎がわかる骨太のテキスト、最新版。基礎理論、条文の読解、全体的・体系的把握、ネーミング、論点の深い理解の5点を重視。難解だとされる税法を条文に沿って基礎から学べる基本書。 3500円

スタンダード所得税法 [補正2版]
佐藤英明

学生や実務家の卵に必要なところを、基礎から発展へと段階を追い、事例、図表、2色刷、枠囲みなど工夫の限りを尽くしわかりやすく説明。最後まで楽しく読める所得税法の基本書、最新版！ 3000円

プレップ租税法 [第2版]
佐藤英明

親しみやすい会話体で、誰にも身近な租税の仕組みや考え方をもっと知りたくなる、読んで楽しい入門書、アップデート版。各講の終わりについている【考えてみよう】には「解答のてびき」付き。 1700円

租税法演習ノート [第2版]
佐藤英明 編著／岡村忠生・谷口勢津夫・増井良啓・渡辺徹也 著

租税法を楽しむ21問 21の設問について解答を作成し、解説を読むと、基礎知識が着実に定着し、運用する力が自然に身につく演習書。設問に対応した「解答例」付き。平成19年度改正に対応の最新版。 2800円

税務訴訟の法律実務
木山泰嗣

民事訴訟、行政訴訟の基礎知識から税務訴訟実務、国賠請求等まで最新判例、学説を盛り込み詳細に解説。「税務訴訟」に必要な論点や知識を網羅した決定版。【第34回日税研究賞「奨励賞」受賞】 3700円

＊定価(税抜)は、2011年9月現在のものです。